新视觉·新思维·新体验

分子会说话

第一辑

邓小林 著

华南理工大学出版社
SOUTH CHINA UNIVERSITY OF TECHNOLOGY PRESS

·广州·

图书在版编目（CIP）数据

分子会说话 / 邓小林著 . —广州：华南理工大学出版社，2021.9
ISBN 978-7-5623-6828-1

Ⅰ. ①分… Ⅱ. ①邓… Ⅲ. ①化学课 - 高中 - 课外读物 Ⅳ. ① G634

中国版本图书馆 CIP 数据核字（2021）第 180976 号

分子会说话

邓小林　著

出 版 人：卢家明
出版发行：华南理工大学出版社
　　　　　（广州五山华南理工大学 17 号楼，邮编 510640）
　　　　　http://hg.cb.scut.edu.cn　E-mail: scutc13@scut.edu.cn
　　　　　营销部电话：020-87113487　87111048（传真）
责任编辑：王荷英
责任校对：刘惠林
印 刷 者：佛山家联印刷有限公司
开　　本：787mm×1092mm　1/16　印张：12.25　字数：246 千
版　　次：2021 年 9 月第 1 版　2021 年 9 月第 1 次印刷
定　　价：58.00 元

版权所有　盗版必究　　印装差错　负责调换

前言

PREAMBLE

我不是作家,写这本书只是觉得从事教学工作多年可以写些东西与人分享,既是安顿当下的自己,也是为继续前行注入新动力。

我学的专业是化学教育,从事高中化学教学工作 20 多年,一直梦想着写一本有关学习化学的书。多年的阅读积累和生活历练,使我从生活中和他人的作品中得到了很多启发,对化学学科有了新的看法和体验,我迫不及待要写出来与人分享。我认为,如果能摆脱应试的束缚,从其他不同的角度去了解化学,是一件有意义的事情,这样可以全身心感受化学的奥妙。

这是一本有趣的化学书。

我从别人的作品中得到启发,发现化学知识也可以用漫画的形式来呈现,通过创意漫画,用讲故事的方式在轻松的语境下带领学生学习化学知识。就算你是早已告别学生时代的成年人,并且学过的化学知识已经遗忘殆尽,你也能轻松读懂。也许你会喜欢上本书的新鲜创意,并在阅读中真正领略到化学的魅力。

本书在文字表达方面大量使用了拟人、比喻的手法。我认为适当的拟人化处理是将深奥的化学原理简单化的有效途径。将客观物质或粒子拟人化是否恰当?也许你不认为它们会有一个有意识的"人格"。分子有思维吗?分子有情绪吗?这并非不可能。就像《自私的基因》里所说,是基因控制着我们的社会行为。因此,本书会用浅显易懂的表述,站在不同的观察点上用新的视觉看待化学,带给读者一种新的化学学习思维,为学生在枯燥的学习中解闷。

这是一本有趣的高中化学学习书。

本书从高中生的现实需要出发,按照新人教版课本的内容顺序来讲述化学原理和规律以及解决化学问题的方法和技巧。这些方法和技巧来源于我的课堂实践,绝非凭空捏造,对于这些"发明创造",我认为对学习化学很有用。当然,我只是提供了解事物的不同角度，读者可以结合自己的经验和方法进行补充，让我们更接近真相。

除了单调的漫画、夸张的比喻、无厘头的拟人手法，你还得容忍我天马行空的想象。也许你不能认同我用那些天马行空的想象来描述严肃的化学原理，但我认为想象不存在对与错，摆脱固有的思维方式，以最大的尺度去想象所有的可能性，这是接近答案的一种尝试。实际上，对于任何事物的真相，我们还没法准确地下定论，但是我们会逐渐搞清楚的，所以在这里，不如先跟随着我的想象遨游一番吧！

让这本书成为一本具有趣味性和实用性的高中生课外读物，通过阅读本书让学生爱上化学，同时分享化学带给我们的乐趣，这是我出版本书的初衷。

由于我个人水平有限，书中难免存在错漏或不足之处，恳请读者和行家指正，我将感激于心，并将不断修正和完善，期待第二辑会写得更好。谢谢！

2021年3月

第七周期过渡元素：

锕、钍、镤、铀、镎、钚、镅、锔、锫、

锎、锿、镄、钔、锘、铹

𬬻、𬭊、𬭳、𬭛、𬭶、鿏、

𫟼、𬬭、鿔

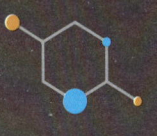

89号元素锕到第103号元素铹共15种元素统称锕系元素，这些都是放射性很强的元素，它们化学性质相似。第92号元素铀以后的元素称为超铀元素，它们在地球上基本不存在，它们得靠核反应制造出来，且产量少，寿命短。

从第104号元素开始，中国的科学家已经给它们取了中文名字，可是电脑词库还没有造出这些汉字，你在电脑上还无法敲出这样的字，只能用偏旁组合起来凑合着用了。

第104号元素：𬬻

第105号元素：𬭊

第106号元素：𬭳

第107号元素：𬭛

第108号元素：𬭶

第109号元素：鿏

第110号元素：𫟼

第111号元素：𬬭

第112号元素：鿔

第113号元素：鿭

第114号元素：铁

第115号元素：镆

第116号元素：𫟷

第117号元素：䎳

第118号元素：鿫

科学家对这些元素的认识还不多，还在探索中。

期待日后有新的发现。

Au：

79号元素金为金属之王，一直被用作货币和国际储备。金密度高、柔软、光亮、抗腐蚀，同时有良好的导电性、导热性、延展性等优良性质。

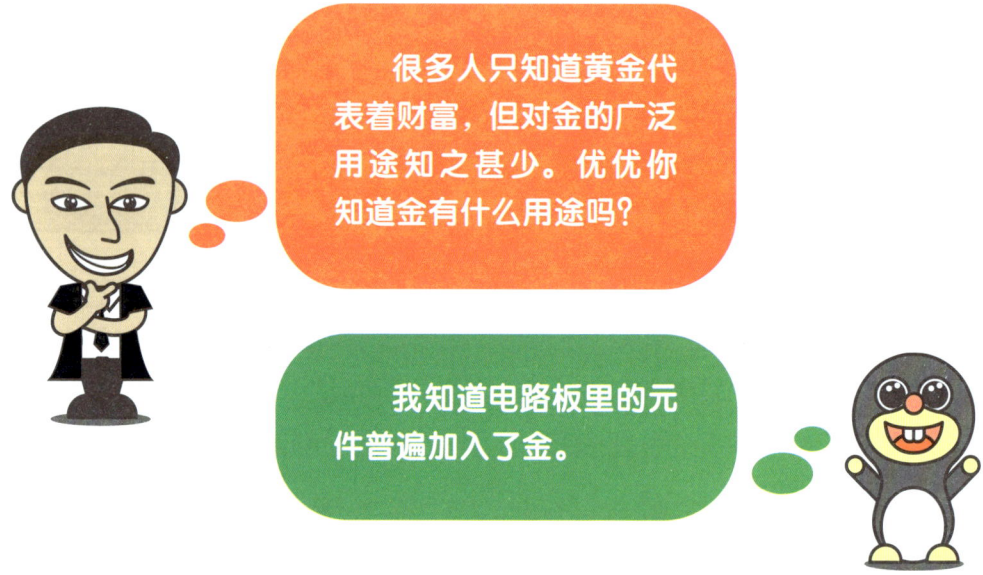

很多人只知道黄金代表着财富，但对金的广泛用途知之甚少。优优你知道金有什么用途吗？

我知道电路板里的元件普遍加入了金。

金的导电系数非常高，而且不易氧化，被广泛应用在电子工业上令电子元件有良好连接。如电脑的电路板、CPU、硬盘、内存条，通信设备，航天器，喷射机引擎，电力开关，高温焊接。由于金是电磁辐射的优良反射体，所以它被用作人造卫星、太空人的头盔及电子无人战机保护层。金或金与钯的合金在扫描电子显微镜中担当传导的角色。

Hg：

80号元素汞是人类早期就发现和使用的金属，不知道是否因为汞是常温下唯一的液态金属，因此特别引起古人的兴趣。无论是东方的道士还是西方的炼金术士都喜欢将汞和其他物质一起熔炼。据说追求长生不老的秦始皇所吃的仙丹里就含有汞，人们俗称的"朱砂"主要成分就是硫化汞。现在我们知道汞有毒。汞最常用的用途是制造工业用化学药物以及电子或电器产品。汞还用于制作温度计，尤其是测量高温的温度计。越来越多的气态汞仍用于制造日光灯，而很多其他的应用都因影响健康和安全问题而逐渐被淘汰。

W:

74号元素钨具有高硬度、高熔点、常温下不受空气侵蚀的特点,钨是一种战略金属,具有极为重要的用途。它是当代高科技新材料的重要组成部分,一系列电子光学材料、特殊合金、新型功能材料及有机金属化合物等均需使用独特性能的钨。钨的用途十分广泛,涉及矿山、冶金、机械、建筑、交通、电子、化工、轻工、纺织、军工、航天、科技各个工业领域。其中一些用途为制造枪械、火箭推进器的喷嘴、穿甲弹、切削金属的刀片、钻头、超硬模具等。

Re:

75号元素铼是地壳中最稀有的元素之一,同时也是熔点和沸点最高的金属之一。镍铼高温合金可用于制造喷气发动机的燃烧室、涡轮叶片及排气喷嘴。铼比钻石更难取得,所以价格高昂。由于铼可应用在高效能喷射引擎及火箭引擎,所以在军事战略上十分重要。

Os:

76号元素锇是已知密度最大的金属,同时也是硬度极大的金属之一。如果在铂里掺进一点锇,就可做成硬度大且锋利的锇铂合金手术刀。利用锇与一定量的铱可制成锇铱合金,比如某些高级金笔的笔尖上那颗银白色的小圆点,即锇铱合金。锇铱合金坚硬耐磨,可以作为钟表和重要仪器的轴承,使用年限很长。但四氧化锇有剧毒。

Ir:

77号元素铱的耐腐蚀、耐高温性质很强,所以非常适合作为合金添加物,飞机引擎部件就是由铱合金组成的。铱合金能够抵御电弧侵蚀,所以是火花塞电触头的理想材料。放射性同位素铱-192可用于治疗前列腺癌、胆管癌及子宫颈癌等。

Pt:

78号元素铂有很高的化学稳定性,良好的延展性、导热性和导电性,还有较强的吸收氢气能力。除了用作首饰,铂主要用作催化剂及以用于电池的电极、医学上的化疗等。

Yb：

70号元素镱用于制造特种合金。可用于冶金和用作激光材料，镱合金已在牙科医学中得到应用。

Lu：

71号元素镥是稀土元素中最硬和最致密的金属。其主要用途是在其他合金中添加少量镥，提高强度、韧性、耐腐蚀性和抗氧化性等。

镧系元素具有相似的性质，相近的用途。在应用上很多镧系元素是可以相互代替的。

Hf：

72号元素铪容易发射电子，可用作X射线管的阴极，铪钨或铪钼合金可用作高压放电管的电极。纯铪是原子能工业的重要材料，铪粉可作火箭的推进器、火箭喷嘴和重返大气层的飞行器的前沿保护层。

Ta：

73号元素钽具有极高的抗腐蚀性，无论是在冷或热的条件下，与盐酸、浓硝酸及王水都不反应。钽所具有的特性使它的应用领域十分广阔。在制取各种无机酸的设备中，钽可用来替代不锈钢，寿命比不锈钢提高了几十倍。此外，钽也应用在化工、电子、电气等工业中。世界上钽金属的产量一半被用在钽电容的生产上，也可做电子管的电极、整流器。医疗上用它来制成薄片或细线，缝补破坏的组织。

Tb：

65号元素铽的贵重性和其具有的许多优异特性使其在一些应用领域处于无可取代的地位。它在农业、工业、畜牧业、医药卫生、高新技术产业等领域得到广泛应用、如荧光激活剂、光磁盘材料、计算机存储元件、声纳探测、燃料喷射系统、液体阀门控制、太空望远镜的调节、机翼调节器等领域。

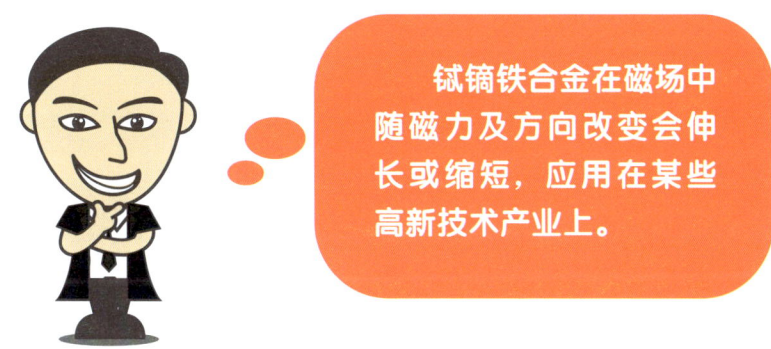

铽镝铁合金在磁场中随磁力及方向改变会伸长或缩短，应用在某些高新技术产业上。

Dy：

66号元素镝具有优异的光、电、磁性质，可用于制造多种功能材料，在许多高科技领域中起着越来越重要的独特作用，如新型照明光源镝灯、荧光激活剂、激光材料、增磁剂、电脑硬盘。

Ho：

67号元素钬和其他镧系元素一样可应用于照明、激光、光通信、磁力材料等方面。

Er：

68号元素铒在低温下是反铁磁性的，在接近绝对零度时为强铁磁性，并为超导体。铒最突出的用途是制造激光，尤其是用作医疗的铒激光治疗仪。氧化铒可用来制造陶器釉彩，产生粉红色的釉质。

Tm：

69号元素铥是高强度放电光源，其显著的特征是发出绿色激光。作为高效激光介质材料被广泛应用在军事、医学和气象学方面。

Pm：

61号元素钷是继锝之后人工制得的第二个化学元素。主要用于制造钷电池，此种电池体积小，能连续使用数年之久，可作为导弹制导仪器及钟表的电源。

Sm：

62号元素钐用于电子和陶瓷工业，用于制造激光材料、微波和红外器材，在原子能工业上也有较为重要的用处。

Eu：

63号元素铕在地壳中几乎没有，是最稀有的稀土元素之一，也是稀土元素中最活泼的金属之一。室温下铕在空气中会立即失去金属光泽，很快被氧化成粉末，与冷水剧烈反应生成氢气。主要用来制造电视荧光屏或作为激光材料等。

Gd：

64号元素钆常用作原子反应堆中吸收中子的材料。也用于磁冷冻的工业技术、微波技术和作用彩色电视机的荧光粉。

有一次因为耳鸣问题我需要照MR（磁共振），医生给我注射了一种液体，它就是钆的有机化合物造影剂，能帮助医生看清脑内组织。不知道医生有没有仔细看，反正耳鸣没治好。

Ce：

58号元素铈。铈金属粉末在空气中易自燃，用刀刮铈条能产生火花，可用作打火石和焊接用的焊条。氧化铈用作玻璃脱色剂、澄清剂、着色剂和研磨抛光剂。以铈为主的轻稀土作为植物生长调节剂可以改善农作物品质，增加产量并提高作物的抗病性。用作饲料添加剂，可以提高禽类的产蛋率和鱼虾养殖的成活率，还能改善毛羊的羊毛质量。

Pr：

59号元素镨是用量较大的稀土元素，很大一部分是以混合稀土的形式被利用，比如用作金属材料的净化变质剂、化工催化剂、农用稀土等。镨还可用作增磁剂、研磨抛光剂。

Nd：

60号元素钕是最活泼的稀土金属之一，在空气中能迅速变暗生成氧化物；在冷水中缓慢反应，在热水中反应迅速。用于制取永磁材料，还用作玻璃、陶瓷的着色剂和激光材料。钕对眼睛和黏膜有很强的刺激性，对皮肤有中度刺激性，吸入还可导致肺栓塞和肝损害。

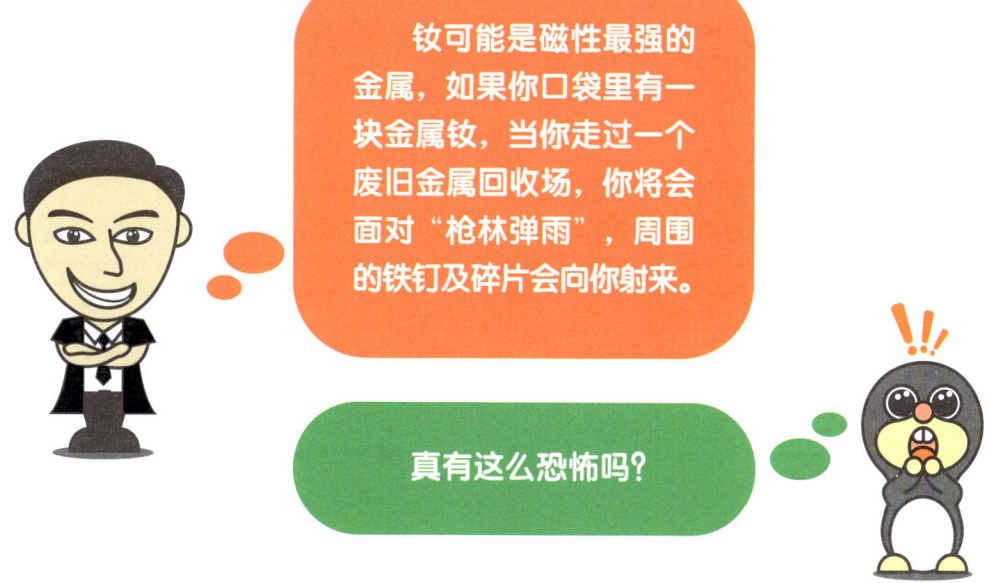

钕可能是磁性最强的金属，如果你口袋里有一块金属钕，当你走过一个废旧金属回收场，你将会面对"枪林弹雨"，周围的铁钉及碎片会向你射来。

真有这么恐怖吗？

银的导电性和传热性在所有的金属中都是最高的。金属银大量应用于电子电器行业，一块电路板中每一个元件接触处都有银。银也应用在感光材料以及化工生产中作催化剂。银并不会对人的身体产生毒性，但并不好吃而且没有营养。

Cd：

48号元素镉在地壳中的含量不算少，镉主要用于钢、铁、铜、黄铜和其他金属的电镀以及制造电池。硫化镉是常用的黄色颜料。镉的毒性较大，被镉污染的空气和食物对人体危害严重，且在人体内代谢较慢，日本曾出现过因镉中毒导致的"痛痛病"。

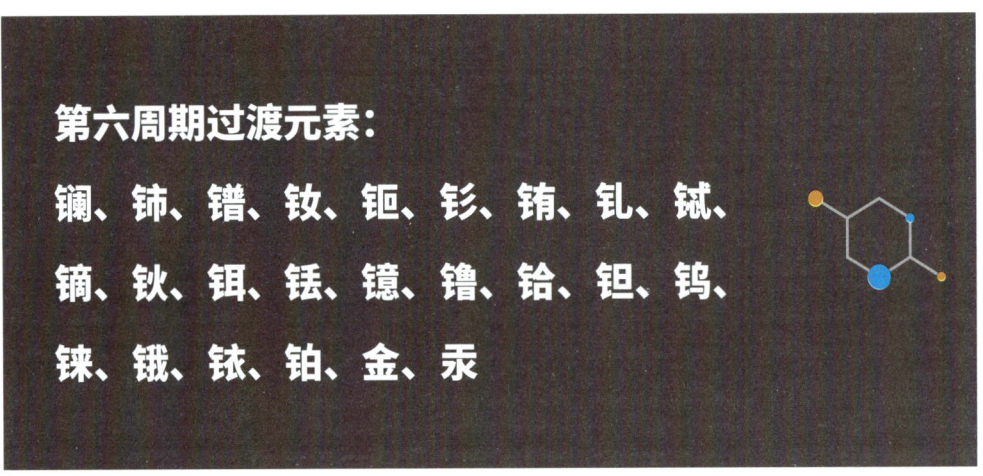

第六周期过渡元素：
镧、铈、镨、钕、钷、钐、铕、钆、铽、镝、钬、铒、铥、镱、镥、铪、钽、钨、铼、锇、铱、铂、金、汞

57号元素镧到71号元素镥共15种元素统称镧系元素，而且都是稀土元素。它们的化学性质相似，都是活泼金属，活泼性仅次于碱金属和碱土金属，而且具有非常强的还原能力。

La：

57号元素镧在镧系元素中的活泼性最强，跟钠相似，金属镧是银白色的，质软易切割，切面在空气中易被氧化呈银灰色。跟水反应放出氢气，易和卤素、氧气、酸、硫、氮气、氢气等发生化学反应。镧可应用于制造特种合金、显微镜镜头和高级光学仪器以及用作多种反应的催化剂。

> 钯金也像钻石一样恒久远，一颗永流传吗？

> 广告语通常夸大宣传，不可全信。钻石怕火，而钯不怕火，怕的是氢气。金属钯能吸收大量氢气，使体积显著胀大、变脆乃至破裂成碎片。

Ag：

47号元素银。相对于其他贵金属来说，银在地壳中含量较多，且冶炼容易，这也是银相对便宜的原因。银和金、铜、铁、锡被称为"五金"，是人类最早应用的金属之一。银性质很稳定、耐腐蚀，但相对铂、金就明显不如。银表面能被缓慢氧化变暗，特别是易跟硫及其化合物反应而变黑。

> 银针试毒有科学依据吗？

> 砒霜中混有大量的硫或硫化物。银与硫反应生成黑色硫化银沉淀。银针试毒只不过检出了砒霜中的硫罢了，而对于其他的毒素，银针就无能为力了。

Rh：

45号元素铑，与邻居钌一样是最稀有的金属之一。金属铑性质稳定，耐腐蚀，表面光亮，十分华丽，因价格昂贵被看作奢侈品。金属铑主要用途是制造合金，其用量虽少但起着关键作用，素有"工业维生素"之称，应用在汽车尾气净化、化工、航空航天、电子和电气工业等领域。

Pd：

46号元素钯。

钯是航天、航空、航海、兵器和核能等高科技领域以及汽车制造业不可缺少的关键材料，也是国际贵金属投资市场上的不容忽略的投资品种。

Tc：

43号元素锝。

门捷列夫在建立元素周期表的时候，曾经留下四个空位并预言这四种元素的存在。有三种元素都被提炼出来并被证实，只有第43号元素无法被证实，一度被称为"消失的元素"。

原来自然界并不存在第43号元素，它是第一个用人工方法制得的元素，不是找来的，而是全靠人工得来的。

金属锝没有什么重要用途，但锝的化合物用途广泛。其中过锝酸盐是钢的良好缓蚀剂，锝盐用于制作诊断脏器疾病和功能的放射性显像剂，用于诊断脑、心肌和肿瘤等疾病和几乎所有脏器疾病。

Ru：

44号元素钌在地壳中的含量仅为十亿分之一，是最稀有的金属之一，性质很稳定，耐腐蚀性很强，常温下即能耐盐酸、硫酸、硝酸以及王水的腐蚀。纯金属钌用途很少，通常用它制造电接触合金，以及硬磨硬质合金等。钌是极好的催化剂，研究表明，在钌的催化作用下，能将空气中捕获的二氧化碳直接转化为甲醇燃料，转化率高达79%。

Nb：

41号元素铌在地壳中的含量稍高，铌跟它的邻居锆一样能吸收气体，可用作除气剂，金属铌也是一种良好的超导体。用铌制造的合金，在常温时电阻为零，是目前最重要的超导材料。

科学家曾经做过这样一个实验：把一个超导状态的金属铌环通上电流，再断开电流，然后把整套仪器封闭起来，保持低温。两年半后，人们把仪器打开，发现铌环里的电流仍在流动，而且电流强弱跟刚通电时几乎完全相同！

超导材料几乎不会损失电流。如果使用超导电缆输电，电流通过时不会有能量损耗，所以输电效率将大大提高。只是大家要交天价的电费，因为这种材料太少、太珍贵了。

Mo：

42号元素钼属于稀土金属，在地壳中的含量稀少。钼主要用于钢铁工业，钼钢强度更大，耐磨、耐腐蚀。钼的钨、铬、钒合金用于制造军舰、火箭、卫星等高、精、尖装备零部件。辉钼是良好的半导体材料，在制造晶体管、发光二极管和太阳能电池方面具有很广阔的前景。二硫化钼润滑剂广泛应用于各类机械的润滑，钼金属逐步应用于核电、新能源等领域。由于钼的重要性，各国政府视其为战略性金属。钼为人体及动植物必需的微量元素之一。

塑料袋在被抽气时能收缩，排走气体。但是一个刚性的容器它不会变形，气体无法被抽走。真实情况是先加入锆粉封好口，然后加热，锆能强烈地吸收氮、氢、氧等气体使容器达到真空状态。

哇，真是令人大开眼界！

在网上能买到一种水果刀，刀片像白色陶瓷，一点儿也不像刀，我以为是小孩子的玩具。但相反，千万不能让小孩子碰它，它异常锋利，那白色陶瓷般的刀片就是超高硬度、超耐磨的氧化锆。

看来可以用氧化锆制研磨用的砂轮。

据说一种用钇制造的超磁材料盘能使磁片悬浮在空中,就像影片《阿凡达》中人类在潘多拉星球里开采的矿物。

难以相信现实世界真有这种材料。

Zr:

40号元素锆在地壳中的含量能排进前20位。金属锆的表面易形成一层氧化膜而具有耐腐蚀性,外观与钢相似。金属锆主要用于制造合金,锆合金具有很强的抗腐蚀性能、极高的熔点、超高的硬度和强度等特性,被广泛用在航空航天、军工、核反应、原子能领域。

你知道真空管是怎样制造出来的吗?怎样给真空管封口?

应该是采用抽气的方法。

Zn：

30号元素锌在地壳中的含量能排进前20位，也是最早被古人利用的金属之一。锌在现代工业中是相当重要的金属，它是电池制造的主要材料；锌合金是应用广泛的合金，用于汽车制造和机械行业，常见的含有锌的马口铁——镀锡薄钢板、黄铜——锌和铜的合金。此外，锌也是人体必需的微量元素之一，缺锌会导致味觉下降，让人出现厌食、偏食症状，常见的补锌药品是葡萄糖酸锌。

听说黄铜酷似黄金，几乎可以以假乱真，要怎样区别真假黄金？

黄金纯度越高，质地越软；而黄铜坚硬，再好的牙也咬不动。

第五周期过渡元素：
钇、锆、铌、钼、锝、钌、铑、钯、银、镉

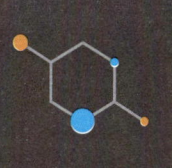

Y：

39号元素钇在地壳中的含量稀少，属于稀土元素。金属钇耐高温和耐腐蚀，可作核燃料的包壳材料。钇也可用于制造超导体和超合金及特种玻璃、超磁材料和激光材料。

每100g 食物含铁量 (mg)					
食物	含铁量	食物	含铁量	食物	含铁量
黑木耳	97.4	扁豆	19.2	红稻米	5.5
紫菜	54.9	莜麦面	13.6	荠菜	5.4
蚌肉	50	香菇干	10.5	小米	5.1
藕粉	41.8	猪血	8.7	八宝菜	4.8
豆腐皮	30.8	黄豆	8.2	标准面粉	3.5
豆腐干	23.3	蛋黄	6.5	菠菜	2.9
猪肝	22.6	绿豆	6.5	鸡蛋	2.3
冬菇	21.1	辣椒	6	红枣	2.3

Co：

27号元素钴在地壳中的含量不多，钴铁合金俗称钴钢，硬度大、耐磨损，用于制造电工、木工工具的钻头、铣刀刀斗。钴的化合物颜色丰富，其中氧化钴是常用的紫色颜料。蓝色钴玻璃能滤去刺眼的红黄光，便于观察火焰。钴有毒，能致癌。

Ni：

28号元素镍在地壳中的含量不多，金属镍主要用于生产合金和催化剂。镍能引起皮肤过敏，有毒，能致癌。

Cu：

29号元素铜是"五金"之一，在地壳中的含量没有铁高。铜是人类最早使用的金属之一，它在人类发展史上也被赋予作为一个时代名称——"青铜器时代"，由于它没有铁器坚硬，所以被更先进的"铁器时代"所代替。但在现代工业中，铜的地位与铁一样举足轻重，被广泛应用于电气、轻工、机械制造、建筑工业、国防工业等领域。作为少数以纯金属形态被大量应用的金属，铜在有色金属材料的消费中仅次于铝，是具有货币性质的金属，这是铁所没有的荣誉。铜离子有毒，有很强的杀菌作用，但同时铜也是人体必需的微量元素之一。

Mn：

25号元素锰广泛存在于自然界中。

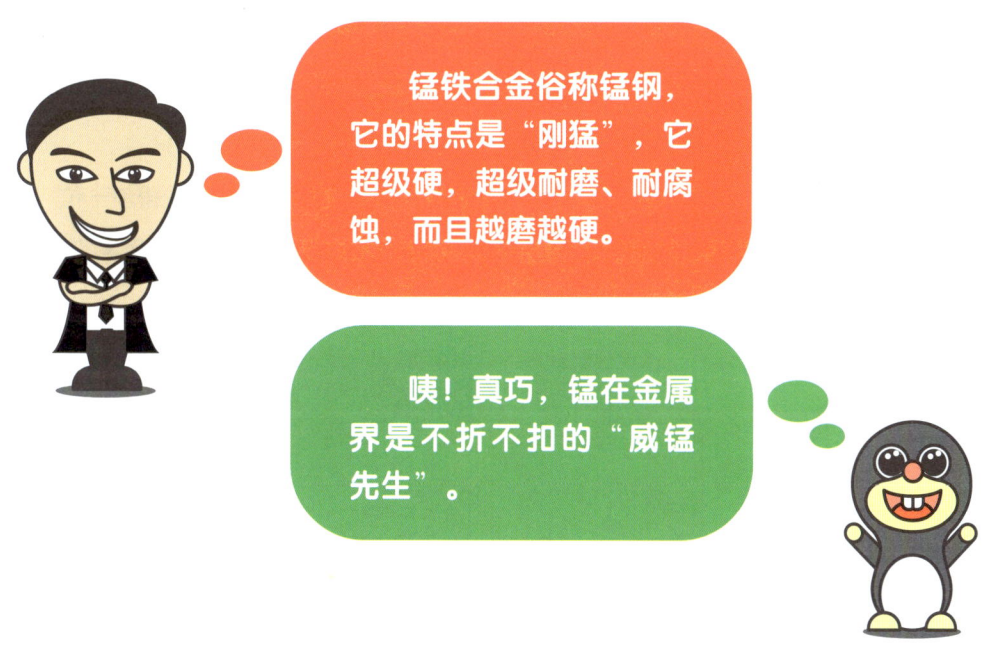

汽车底盘用的就是锰钢，表面凹凸不平是它的特征。它还用于制造研磨机、破碎机、挖掘机、铁道道岔、坦克的履带板、防弹钢板、保险箱钢板等。锰的化合物中最著名的是高锰酸钾和二氧化锰，它们有一定的毒性，但锰元素也是人体必需的微量元素之一，人体缺乏锰会导致多种疾病。

Fe：

26号元素铁。铁不用多说，它的储量大，占地壳含量的4.75%，仅次于铝排第四位。但铁冶炼成本比铝要低很多，产量大很多，铁当之无愧成为金属第一大户，铁几乎是所有合金的基料。铁伴随着人类文明的发展，用铁来命名一个时代足见它的重要性。没有铁就没有古代人类的进步，没有铁就没有现代工业文明。铁不但没有毒，而且人人都需要它，它是人体内血红蛋白的重要组成元素，红细胞担负着向全身输送氧气的功能，起决定作用的就是亚铁。缺乏铁会导致多种疾病，但体内积聚过多的铁也会致病，使用补铁药物一定要遵从医嘱服用。

Sc：

21号元素钪在地壳中的含量少，钪铝合金是应用在航天、航空、舰船工业用的轻质结构材料。在灯泡中充入碘化钠和碘化钪做成的钪钠灯具有发光效率高、光色好、节电、使用寿命长和破雾能力强等特点，被广泛用于广场、马路照明。

Ti：

22号元素钛被称为"21世纪金属"，钛储量丰富，在地壳中的含量排前十位。钛合金具有强度高、质量轻、防腐蚀、可塑性强等优点，被广泛应用在航天、军事、汽车、农产食品、医学人造骨架等领域。

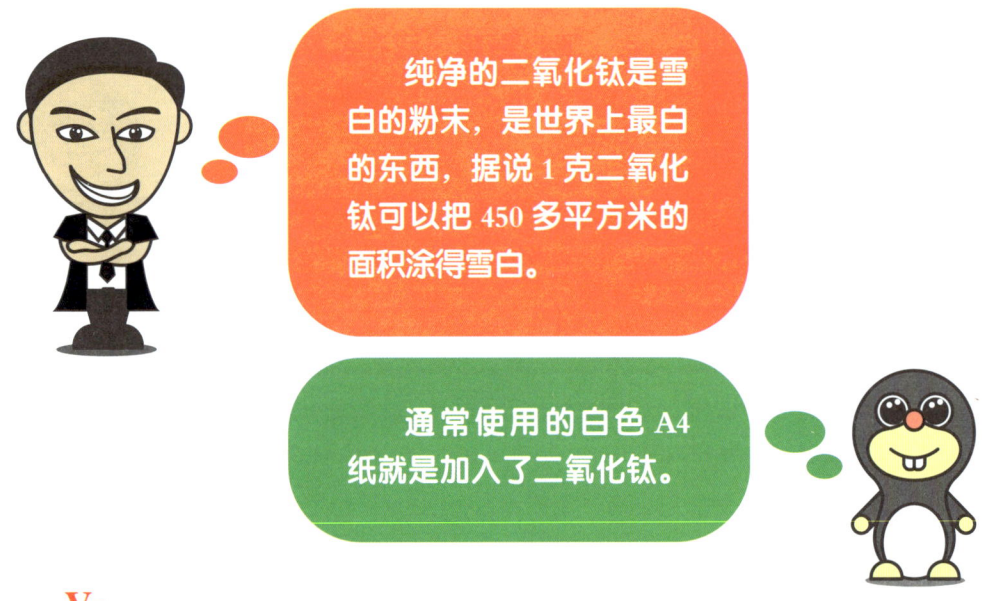

纯净的二氧化钛是雪白的粉末，是世界上最白的东西，据说1克二氧化钛可以把450多平方米的面积涂得雪白。

通常使用的白色A4纸就是加入了二氧化钛。

V：

23号元素钒在地壳中的含量较丰富，钒并不平凡，被称为"现代工业的味精"。因为钒在钢铁工业中主要用作合金添加剂，钒合金超高硬度，比不锈钢更难生锈，如铬钒钢用于制造扳手、钳子、重型机车的履带等。

Cr：

24号元素铬在地壳中的含量能排进前20位，我们所熟悉的不锈钢就是铬镍铁合金，其锃亮的白色就是铬的功劳。铬元素是人体必需的微量元素之一，三价的铬是对人体有益的元素，而六价铬是有毒的。

Rn：

86号元素氡具有放射性，当被吸入体内后，氡发生衰变释放出的阿尔法粒子可对人的呼吸系统造成辐射损伤，引发肺癌。而建筑材料是室内氡的最主要来源，如花岗岩、砖砂、水泥及石膏之类，特别是含放射性元素的天然石材，最容易释放出氡。

> 为什么人们热衷于泡氡温泉？

> 低浓度的氡具有保健作用，但浓度达到一定以后就会致癌。所以泡氡温泉前一定要了解其氡的含量，但大多数温泉都没有标注含氡量。

第四周期过渡元素：
钪、钛、钒、铬、锰、铁、钴、镍、铜、锌

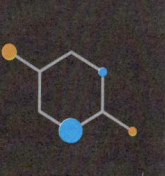

钪、钛、钒、铬、锰、钴、镍这些金属很少以单一金属来使用，基本上是以铁、铜、锌、铝为基料用来制造合金。

Ne：

10号元素氖。氖原子最外层电子数为8，在8电子结构的所有惰性气体元素中氖原子半径最小，造就了全宇宙最稳定的元素。它应用于灯光设备中以及试电笔的发光管。由氦氖混合气制造的激光可用于读取DVD光盘。

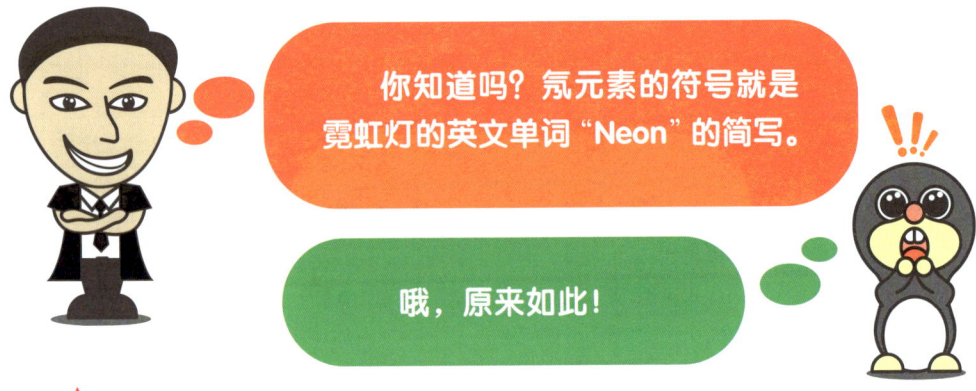

Ar：

18号元素氩是最富有的稀有气体元素，它在空气中的含量约为1%，比二氧化碳还多。因此它最容易被发现，并且是第一个被发现的稀有气体。它最重要的用途是作保护气，优点是便宜。

Kr：

36号元素氪。氪气并不客气，它可以麻醉你，用作麻醉剂。也可用于灯光设备保护灯丝，早期的白炽灯就是充入了氪气。

Xe：

54号元素氙，广泛用于电子、光电源工业，气体激光器等。氙气有点仙气，它也可以作麻醉剂，让你飘飘欲仙。充入氙气的发光管灯光强度大，穿透力强。

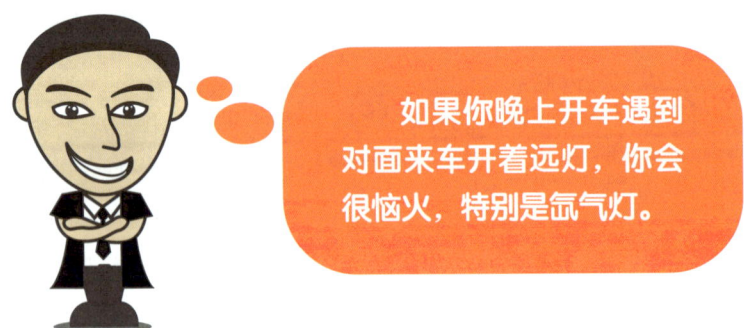

At:

85号砹是放射性元素,几秒或几分钟就会发生核衰变成为其他元素,寿命很短。而且在自然中含量微少,任何时刻地壳中砹的总量都少于50克,况且这仅存的50克砹很难积聚在一起,它们分散在世界的各个角落。因此即使是微量的砹都要通过人工核反应合成。

砹几乎不存在,怪不得我们学习卤素时只要求掌握氟、氯、溴、碘的规律。

根据卤素的递变规律,砹可能是近黑色的固体,它受热时升华成暗紫色气体(比碘蒸气颜色深)。砹是卤族元素中毒性最小、比重最大的元素。

0族元素:氦 氖 氩 氪 氙 氡

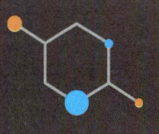

He:

2号元素氦在宇宙中的含量仅次于氢,是名副其实的"二当家"。氦在地壳和空气中含量极少,它是从天然气中分离出来的。氦的熔点极低,液氦可作冷却剂用于核反应堆的冷却,也可用于医疗方面。

Cl:

17号元素氯在地壳中的含量约排在第二十位,主要以氯化物的形式广泛存在,如氯化钠,包括海盐和岩盐。

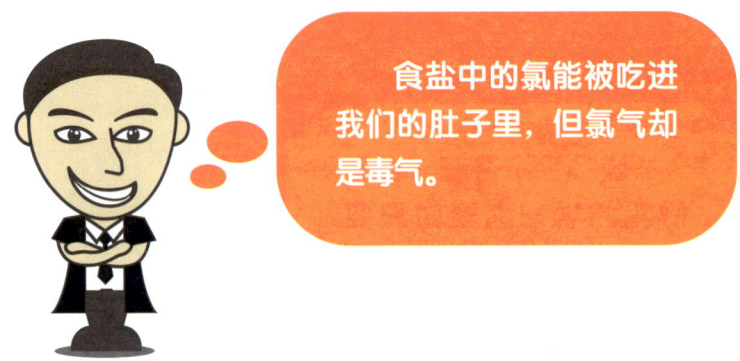

食盐中的氯能被吃进我们的肚子里,但氯气却是毒气。

在第一次世界大战中,氯气首次作为化学武器被投入到战争中并造成大量伤亡。现在我们已经能很好地利用氯气来制造各种产品,这些工业产品跟我们的生活息息相关,如塑料、橡胶、染料、漂白剂、消毒剂、农药、医药品等。

Br:

35号元素溴在地壳中的含量稀少,地球上99%的溴元素是以Br^-的形式存在于海水中。溴是唯一在室温下呈现液态的非金属元素,呈红棕色,有剧毒。溴及其化合物可被用来作为阻燃剂、净水剂、杀虫剂、汽油添加剂、染料、钻井液、光敏材料等,在医学上用作镇静剂、红药水及药物合成辅助原料。

I:

53号元素碘是人体必需的微量元素之一,在自然界含量稀少,除在海水中含量较高的海带、海鱼和贝类等动植物以外,在大部分土壤、岩石、水中的含量都很低。碘对动植物的生命是极其重要的,人缺乏碘会引起甲状腺肿大,碘酸钾可作为食品添加剂补充碘摄入量不足。大多数碘及化合物可用来制备防腐剂、消毒剂和药物,如碘酊和碘仿CHI_3。放射性同位素(碘-131)用于放射性治疗和放射性示踪技术。

卤族元素：氟 氯 溴 碘 砹

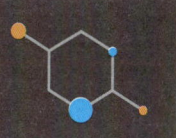

F：

9号元素氟。氟元素在地壳中的含量接近前十位，它主要以氟化钙（俗称萤石）等矿物存在，氟气集毒性、强腐蚀性于一身，是吸电子能力最强的物质。它几乎能与所有物质反应，破坏力超强，甚至与某些稀有气体也能反应。自然界不存在单质氟，必须通过电解氟化物获得。有氟气没福气，氟气专杀科学家。在研究制取氟气的100多年中，氟气直接或间接杀死了十多位伟大的科学家，如舍勒、盖·吕萨克、戴维、泰纳、托马士·诺克斯、鲁耶特、尼克雷、弗雷米、哥尔、莫瓦桑等。

人类以巨大的代价发现氟，它到底有什么用途？

氟没有什么巨大价值，只是对未知事物的探索精神推动着科学家前赴后继投入工作。

微量的氟元素是人体骨骼和牙齿健康的保证，但过量的氟会导致骨骼和牙齿疏松。氟的化合物用于制造含氟玻璃，应用在光学元件和特殊镜头上；家用的不粘锅表面的涂层就是氟化物，称为特氟隆，就是它使食物不会粘在锅上。氟化氢是一种强腐蚀性的气体，它的水溶液氢氟酸能穿透玻璃、瓷器、金属，用什么东西把它装起来都令人头疼。

Se：

34号元素硒被称为"月亮"元素，"嫦娥五号"带回来的月壤就含有它。硒是人体必需的微量元素，为人体所需的15种营养素之一。硒对肝病、胃病、糖尿病、甲状腺病、前列腺病有预防和治疗作用；对脑功能、视力有保护作用；对放射性治疗有辅助作用，但过量的硒会引起中毒。硒也应用于电子工业中，复印机的核心部件就是硒鼓，就是它让原件一模一样被复制到另一张纸上的。金属硒也被添加到半导体的制造中。

Te：

52号元素碲有弱毒性，含量稀少，但不贵，因为没有什么用途。

氧化碲用于DVD光盘的表面涂层，这层物质可以反复被刻写和涂抹。可惜在互联网媒体的冲击下，DVD走向衰落，碲的价值火不起来。

Po：

84号元素钋是居里夫人发现的第一种元素，为了纪念居里夫人的祖国波兰(Poland)，将这种元素命名为Po。钋是世界上最毒的物质之一，幸好在地壳中含量稀少，约为100万亿分之一。钋的放射性很强，用于抗静电设备，再就没有什么可用之处了，除非特工用它来杀人。

氧族元素：氧 硫 硒 碲 钋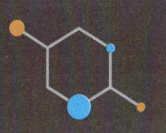

O：

8号元素氧。氧很难做到低调，它是最受欢迎的元素、最为人熟悉的元素。氧在宇宙中的含量仅次于氢和氦，在地壳中含量最多，约为48.6%。地壳中氧的存在形式主要是二氧化硅和各种含氧化合物，这是因为氧跟其他元素非常容易结合。早期的地球大气层氧气含量不高，一直到大量植物出现以后，植物通过光合作用产生大量氧气，据说氧气含量最高时可达到35%(体积分数)，所以那个时代生存的动物都体型巨大。随着地质灾害导致大量植被破坏，氧气的含量逐渐降低到现今的水平。

S：

16号元素硫在地壳中的含量不算少，人类早期就懂得开发利用硫元素。硫磺可以用来驱虫蛇，制作各种药物，很多古人炼制的"仙丹"里就含有硫和汞。人们拿硫来与木炭和硝酸钾混合制作火药和鞭炮。

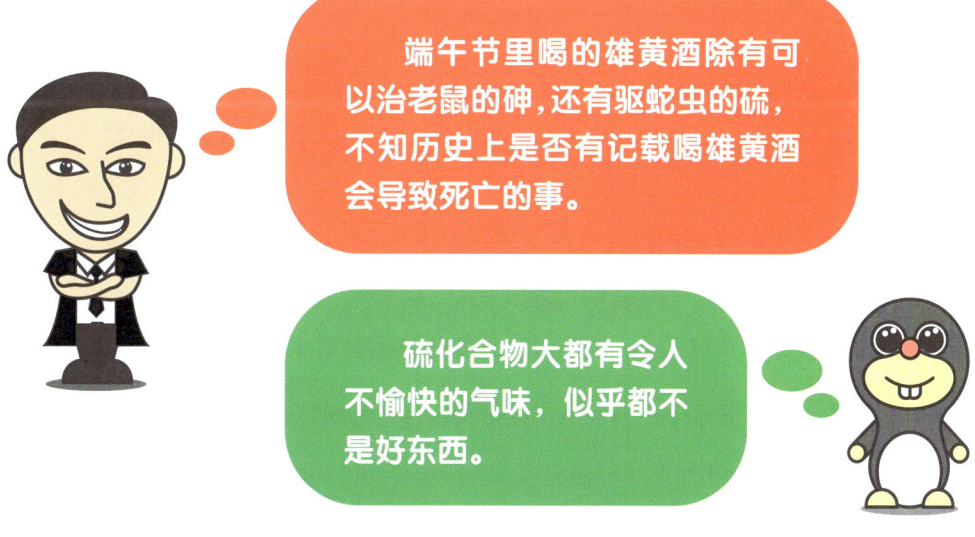

端午节里喝的雄黄酒除有可以治老鼠的砷，还有驱蛇虫的硫，不知历史上是否有记载喝雄黄酒会导致死亡的事。

硫化合物大都有令人不愉快的气味，似乎都不是好东西。

据说最臭的物质是乙硫醇，在家用的燃气里添加了一点点就已经臭不可耐，靠这臭味以便在燃气泄漏时让人们尽早发觉。还有又臭、又毒的硫化氢，酸辣的二氧化硫，而浓硫酸的破坏力更是惊人，像恐怖的化学武器。

据说古代端午节这一天，除了吃粽子还要喝含微量砷的雄黄酒，古人相信它有避邪的功效，如果白娘子喝了也会现蛇身，实在荒唐！

但少量的砷可以作为药用来治疗皮肤病，喷洒在屋里屋外可以防虫。

Sb：

51号元素锑有微弱的毒性，在二十世纪六七十年代铝的生产工艺还不成熟时，很多家庭使用"锑煲"来做炊具，现在换成是铝做的，但仍习惯称其为"锑煲"。我怀疑"锑煲"真的是金属锑做的吗？金属锑常加入到铅中做成合金用来制造蓄电池的电极，还有做子弹等。锑的化合物用作阻燃剂，医药上主要用作兽药。

Bi：

83号元素铋，氮族最后一个成员，铋没有毒性。金属铋有特别的金属光泽，据说能产生彩虹色。金属铋用于制造低熔点合金，应用于消防安全系统的自动喷洒开关。

> 没听过,火柴还分安全和不安全的?

> 早期的火柴就是用白磷做的,它被装在特殊的盒子里,但一不小心就会引火烧身。

看过某些西部牛仔片的男主角拿一根火柴在脸上一划,点着了香烟,除了显示其勇武形象外,跟脸皮的粗糙程度无关。那是骗你的,没有哪个演员愿意这样做。

As:

33号元素砷。砷的名气一点不小,心怀鬼胎的人往往用它来干阴险的坏事。汤姆送给杰克的面包,武大郎的包子(多半是西门庆做的手脚),各种民间杀人奇案、宫廷争斗戏,都离不开鹤顶红,它就是三氧化二砷,俗称砒霜。

农民伯伯都知道那是老鼠药、杀虫剂、除草剂,但偏偏有人喜欢用它来做衣服的染料、刷墙用的涂料、画画用的颜料。这发生在19世纪初,一种绿色颜料在西方国家流行,它被称为巴黎绿,其成分中含有有毒的砷。画坛巨匠梵高、塞尚、莫奈都很喜欢用它来作画,这与梵高的精神失常、塞尚的糖尿病、莫奈的双目失明是否有关呢?

> 传说拿破仑的死也与砷有关。

雷雨天气里闪电使氮气转化为氮氧化物，遇雨水生成硝酸降落到地表生成硝酸盐而被植物吸收。可吸收的氮元素得以从植物进入动物及人体内合成氨基酸和蛋白质，可以说没有氮也就没有生命。从另一个角度来看，氮元素也是杀人武器。氮元素与炸药脱不了关系，如早期的火药 TNT 炸药、硝化甘油 (做成口香糖的炸药被特工所钟爱)，还有实验用的硝酸钾、硝酸铵就是一个小型炸弹。它们的威力让你不得不对它们抱有敬畏之心。2019 年 3 月 21 日，江苏响水特大爆炸事故造成 78 人死亡、76 人重伤、640 人住院治疗，造成直接经济损失 19.86 亿元。2020 年 8 月 4 日黎巴嫩首都贝鲁特市中心附近一个港口仓库区发生巨大爆炸事件，造成至少 78 人死亡、近 4000 人受伤。两起事故的元凶都是硝酸铵。神奇的是，硝化甘油是治疗心绞痛的特效药，但这药被严格管制，当然特工例外。

P：

15 号元素磷在地壳中的含量能靠近前 10 位，广泛存在于动植物组织中，也是人体含量较多的元素之一。作为同一家族，磷和氮一样对生命非常重要，氮肥、磷肥、钾肥是三种最重要的植物营养。磷存在于人体所有细胞中，是维持骨骼和牙齿的必要物质，几乎参与所有生理上的化学反应。比起硝酸铵的暴烈，磷的另一面是无比阴险。

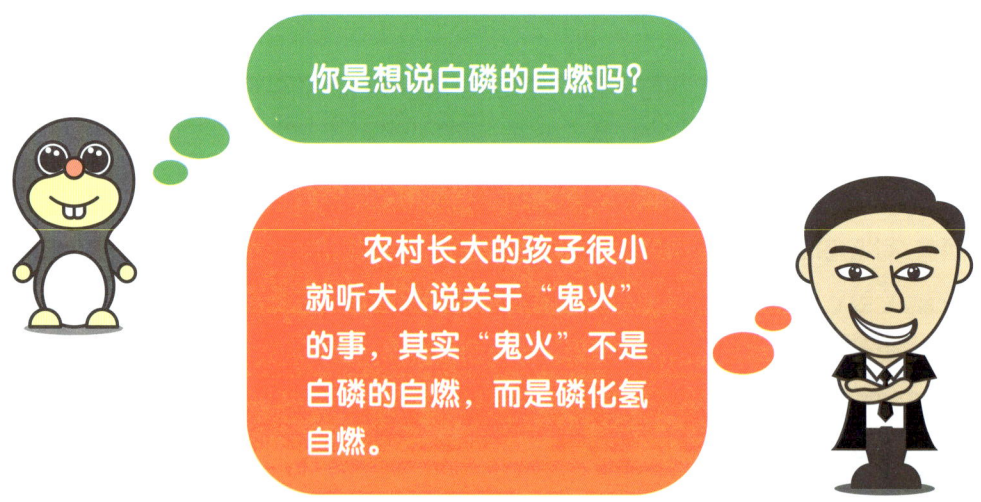

然而白磷能自燃的特性被某些霸道国家用于制造白磷炸弹投入战争，白磷炸弹会吞没一切可燃烧的东西，皮肤沾上一点就会造成不可逆转的伤害、残疾甚至死亡。燃烧弹及各种导弹也加入白磷以达到消灭一切的效果。白磷的亲兄弟红磷就可爱多了，它用来制造安全火柴。

早期的铅球是铅，后来改为内铅外铁，现在新式铅球是用合金做的。由于金属铅密度大，想让子弹不飘的办法是加入铅；铅能阻挡X射线和辐射，所以用来制造防辐射衣、防辐射手套。最常用的汽车电池是铅蓄电池，它十分笨重，这不会是让汽车在颠簸时电池不会抖的初衷吧？！往玻璃中加入铅能增强光的折射，使它看起来光彩夺目。

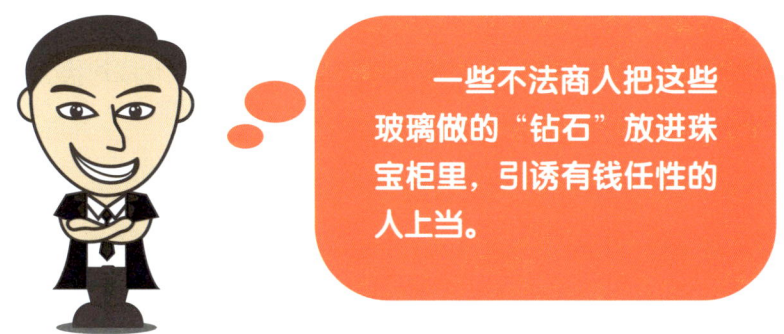

一些不法商人把这些玻璃做的"钻石"放进珠宝柜里，引诱有钱任性的人上当。

铅有毒，音乐巨匠贝多芬平常吃的药里面就含铅，这是否与他百病缠身以及后来的耳聋有关？发现进化论的达尔文患关节肿大症，他血液中铅的含量严重超标。往汽油中加入铅的有机化合物能增强汽油的抗爆性，使汽车行驶得更平稳，但由于会污染空气已被禁用。

氮族元素：氮 磷 砷 锑 铋

N：

7号元素氮。氮气在空气中含量最高。人类吸入的空气中含大量氮气，又通过呼气呼出来，人体不能吸收氮气转化为身体所需的营养。但是如果空气中没有那么多氮气稀释氧气，所有生命暴露在高浓度的氧气中也活不了。和人体一样，绝大多数植物也不能直接吸收氮气（某些豆科植物除外），在人工合成氮化合物之前，那时候没有氮肥，全靠天气吃饭。

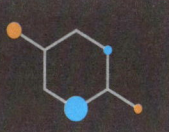

你听说过"雷雨发庄稼"吗？一场雷雨代表着农民伯伯的殷切期待。

Sn：

50号元素锡在地壳中的含量相对较少，但由于锡的活泼性比铁差，所以锡的化合物比铁更容易还原出单质。人类很早就开始使用金属锡做生活用具，如锡壶。炼铜时把锡加入铜中就制成了青铜器。锡熔点低，用电烙铁很轻松地就能把它熔化成球状小珠，等它冷却时就能把电子元件焊接在电路板上。

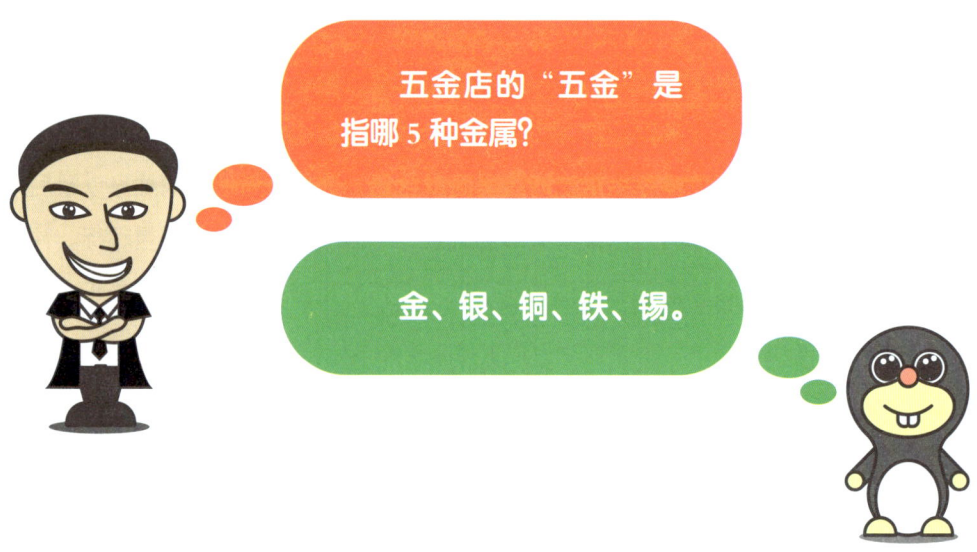

五金店的"五金"是指哪5种金属？

金、银、铜、铁、锡。

锡有白锡和灰锡两种同素异形体，常温下是白锡形态，当你把一根锡条折弯时，常可以听到一阵"嚓嚓"声。温度接近零度时锡会变灰色，温度再低一点它会变成一堆粉，好好的一个锡壶竟然会自行毁灭。在古代，由于人们缺乏科学知识，把冬天锡器变粉末这一现象称为"锡瘟"。

Pb：

82号元素铅。

铅笔不是铅，那铅球呢？

技的代名词。硅是非金属，但你不妨把它当金属看待，高纯度的硅单质可用于制造计算机芯片和半导体电子元件，也可用于太阳能装置的光吸收面的涂料，其灰色的特征很容易辨认。高纯度的二氧化硅可用作通信用的光导纤维，可以说硅及其化合物支撑起现今的互联网世界。此外，二氧化硅还可用来制造玻璃。

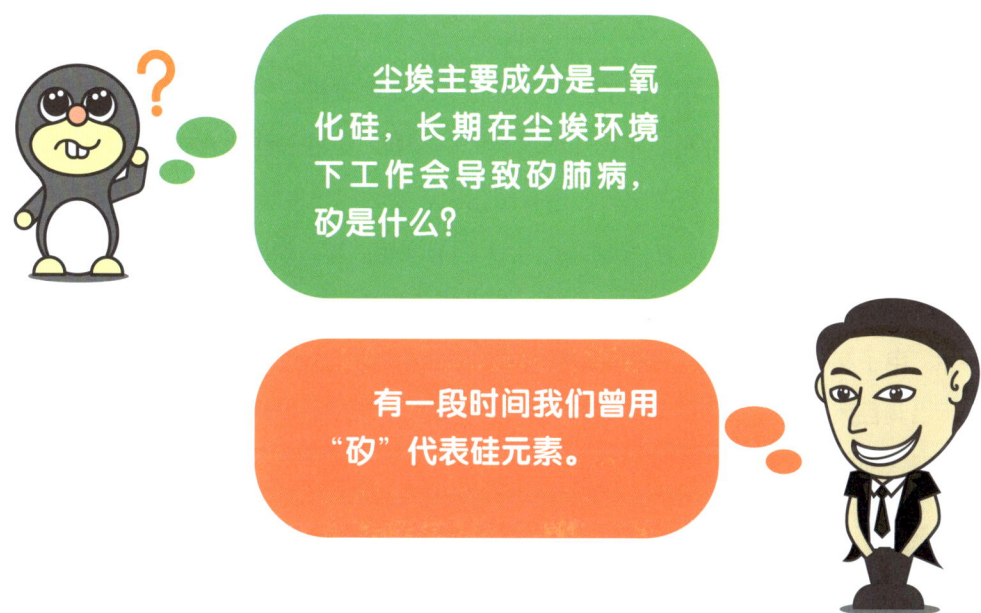

尘埃主要成分是二氧化硅，长期在尘埃环境下工作会导致矽肺病，矽是什么？

有一段时间我们曾用"矽"代表硅元素。

　　元素 Si 是英文 silicon 的简写，民国初期，学者将此元素译为"硅"而令其读为"xi"。然而在当时由于拼音方案尚未推广普及，一般大众多将其误读为"gui"。由于化学元素译词除中国原有命名者外，多用音译，化学学会注意到此问题，于是又创"矽"字避免误读，中国台湾地区至今仍沿用"矽"字。在 1953 年 2 月，中国科学院召开了一次全国性的化学物质命名扩大座谈会，有学者以"矽"与另外的化学元素"锡"和"硒"同音易混淆为由，通过并公布改回原名字"硅"并读"gui"，但并未意识到其实"硅"字本应读"xi"音。有趣的是，"矽肺"与"矽钢片"等词汇至今仍沿用"矽"字。在我国香港地区两用法皆有，但"矽"较通用。

Ge：

　　32 号元素锗在地壳中的含量跟硅没法比，相差百万倍。但锗的性质与硅相似，由于硅的提纯技术还不成熟，早期的收音机用锗作半导体材料。那时人们对收音机的质量要求不高，粗糙的锗完全能应付人们的需求。随着硅的提纯技术提高，硅已成为半导体材料的主角，但仍需加入锗以达到特殊要求。锗也应用在制作光学透镜领域，特别是红外光透镜，锗对红外光的透过率比硅要好。

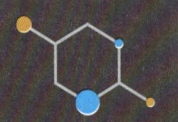

碳族元素：碳 硅 锗 锡 铅

C：

6号元素碳大家再熟悉不过了。碳是所有生命体中有机分子的骨架，没有碳就没有生命。碳的一种单质金刚石是已知硬度最大的物质，碳的一些化合物也具有硬度大的特点，如被称为金刚砂的碳化硅，还有碳化硼。碳的另一种单质 C_{60} 由60个碳原子围成一个足球状的笼子，称为"富勒烯"。人们非常感兴趣，便研究装什么东西进去，越来越多的研究获得了意想不到的发现。富勒烯已经广泛地影响到物理学、化学、材料学、电子学、生物学、医药学等各个领域，极大地丰富和提高了科学理论，同时也显示出其巨大的潜在应用前景。碳的另一种常见单质——石墨却是软的，你可以用小刀来把它削尖，就变成我们常用的铅笔了。

铅笔的芯不是铅吗？

由于石墨能像铅一样在纸上留下痕迹，这痕迹比铅的痕迹要黑得多，因此人们称石墨为"黑铅"，"铅笔"的称呼一直沿用至今竟然没有权威部门来明确更正。

Si：

14号元素硅在地壳中的含量排第二位，仅次于氧，约占26.4%。硅是地球的基石，遍布全球的岩石、沙子就是硅的化合物。除了水晶、玛瑙惹人喜爱，这些随处可见的沙石除了用在建筑上几乎别无可用。直到近代电子工业的蓬勃发展，硅才蜕变为高科

In:

49号元素铟更有个性。金属铟熔点低,用来做消防自动喷淋头,当发生火灾,环境温度达到一定时铟熔化,水就会自动喷出。

据说金属铟做成的金属条或金属片被折弯时会发出小孩的哭声,那是金属铟内部结构发生改变时发出的声音。铟对人体无毒,也没什么其他重要用途。

但据了解,铟的氧化物是透明的导体,就是电子屏幕表面那一层。

Tl:

81号元素铊在地壳中的含量很低,金属铊呆头呆脑,外观就像木头。铊被广泛用于电子、军工、航天、化工、冶金、通信等各个方面,在光导纤维、辐射闪烁器、光学透位、辐射屏蔽材料、催化剂和超导材料等方面具有潜在的应用价值。铊有剧烈的毒性,千万别惹它。

有兴趣的同学可以百度一下"朱令事件",是指清华大学学生朱令在校期间离奇出现铊中毒的症状。

Al：

13号元素铝是地球上含量最高的金属元素，约占7.73%，在地壳所有的元素含量排行中也能挤进第三名。如果这都不能让你另眼相看，你也必须知道一个事实：虽然元素周期表中大多数是金属元素，但真正用得上的金属单质少得可怜，它们要么储量太小，要么太活泼不稳定，要么有毒太伤人，要么太贵，要么太短命。而单质铝的优点是轻和稳，表面有氧化物保护膜。纯铝质软，但与其他金属形成的合金既轻又硬，是除铁之外应用最广泛的金属。铝的导电性虽然排在银、铜、金之后，位居第四，但优点是多且便宜，所以用来做电线。

铝在人体内本来不存在，除非是你吃进去的。听说油条含铝量最高，其成分与泡沫灭火器喷出来的泡沫相近。

据了解，人体摄入过量的铝元素会降低智力。我怀疑自己是不是吃多了油条！

Ga：

31号元素镓非常有趣。因为金属镓外观像金属，但一敲就会像石头般粉碎，没有哪一种金属会被敲碎的。金属镓的熔点大约为29℃，它可以用来制作体温计以代替汞体温计，以免出现汞体温计打破时汞中毒事件。在元素周期表中，镓处于金属和非金属交界线上，金属镓可用于制造半导体电子元件。

硼族元素：硼铝镓铟铊

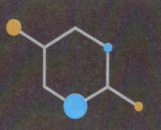

B：

5号元素硼是短周期元素中最低调的元素。也许你不知道人类使用硼砂($Na_2B_4O_7 \cdot H_2O$)已经有很久的历史了，人们用硼砂作清热解毒的药物，但一定要控制用量，因为它同时也是对付蟑螂的杀虫剂。但如果你经常光顾街边的无牌小吃摊档，你可能会尝到这种蟑螂药。

不法分子往食物中添加硼砂使食物膨胀，增加弹性且起到防腐作用。其中牛杂类小吃最可疑，昨天卖不完的，今天、明天、后天、大后天可以接着卖。

怪不得入口松弹，风味独特。

以上所述并不能增进人们对硼的好感，其实硼最大的优点是其坚强的一面。硼虽然是非金属，却具有金属的一面，单质硼像钢铁，其硬度仅次于金刚石；硼化玻璃耐热、耐冲击，可用作微波炉、滚筒洗衣机或潜水器的观察窗；氮化硼和硼化硅的坚硬程度都接近金刚石，而且它们更便宜，作为新型非金属材料应用在建筑、机床、航空领域，如陶瓷发动机、载人航天器的外壳及返回舱、大型钻机的钻头。

Ra：

88号元素镭是"明星"元素，这多亏了玛丽·居里，连小学生都知道这位科学家。镭有强烈的放射性，其放射性是用来做原子弹的铀的上百万倍，它在黑夜里能发光，给人带来神秘感。今天我们知道这种放射性对人体有害，但在居里夫人那个时代，人们却相信镭能给人带来力量，于是在商家的助推下催生了很多"镭人"产品，如含镭食品、染发剂、护肤霜、美甲油等。

在钟表厂里为了给表盘涂上含镭染料以使表针和数字发光，一群20多岁的女工人先后染上了各种恶性疾病，早早告别了人间。这就是著名的"镭姑娘"事件。

今天我们把镭用在医疗、探矿等领域，但仍需小心地使用它。

你可不知道，在我小时候，全村人凑着看一台电视。后来镇上首次出现用镭射激光来读取光盘信息的CD影碟机。那时候"镭射"就是时尚的代名词，录像放映厅直接叫做"镭射厅"。

Sr：

对于38号元素锶，你一定感到陌生，但金属锶像钠一样能和水剧烈反应，所以必须保存在煤油中。金属锶只用在特殊合金上，并没有其他什么特别用处。

据了解，锶的化合物可作为造影剂使用，因为可以阻挡X射线，使体内组织的形状显示在X射线胶片上。

Ba：

56号元素钡。碳酸钡和硫酸钡两种沉淀被初三学生所熟悉，但关于钡的毒性，学生却少有所闻。当学生用氯化钡溶液做实验时，老师应该多提醒一下："嘿，小心，它比老鼠药还要毒。"

为什么硫酸钡的俗名是"钡餐"，是可以吃吗？

因为它不溶解于水和酸，因而不会释放出有毒的钡离子。"钡餐"既无营养也不可口，它像锶一样用于X射线造影。

作为金属，钡太活泼了，不好保存，使用也不方便，单纯的金属钡没有什么特别用处。

镁是人体不可缺少的元素，在肌肉和神经中起着非常重要的作用。金属镁最重要的用途是制造轻合金。

镁是叶绿素的主要成分，是叶绿素进行光合作用所必需的元素。

Ca：

20号元素钙在地壳中的含量在金属元素中排第三位，约占3.45%，地壳主要成分是碳酸钙和硅酸钙。

三岁小孩都知道钙片。钙是人体含量最多的营养元素，构成人体骨架和各种器官组织，参与人体多种生理活动，钙含量偏低会影响健康。

据了解，单纯的金属钙竟然没有什么可用之处，这真是令人大失所望。

碱土金属元素：铍 镁 钙 锶 钡 镭

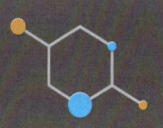

Be：

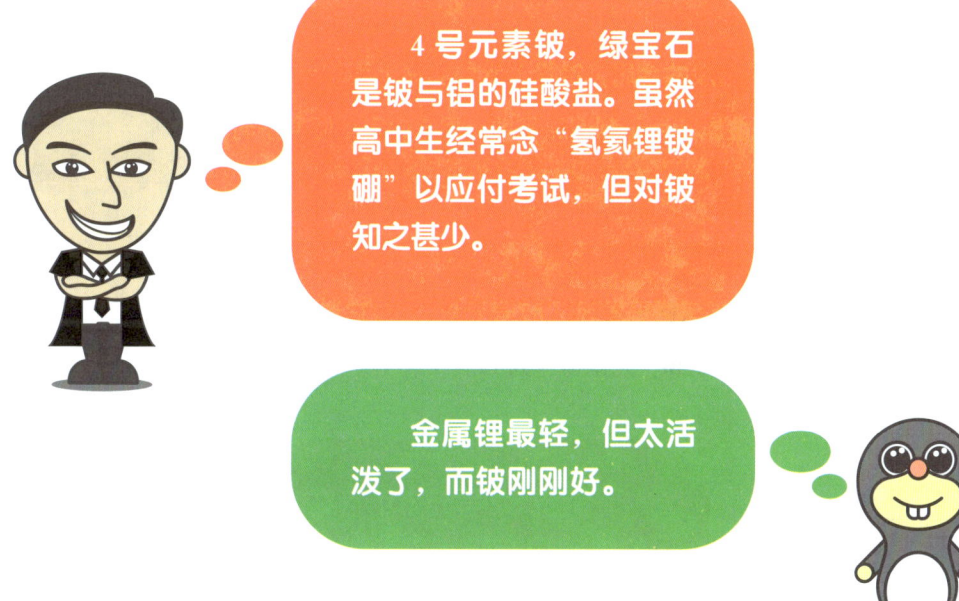

4号元素铍，绿宝石是铍与铝的硅酸盐。虽然高中生经常念"氢氦锂铍硼"以应付考试，但对铍知之甚少。

金属锂最轻，但太活泼了，而铍刚刚好。

金属铍是又轻、又硬且稳定的金属，它在空气中或水中能快速形成致密的保护膜，这是锂、钠、钾、铷、铯所不具有的。铍应用在合金材料上能制造出坚硬的机件，如铍铜合金。由于金属铍能被X射线透过而不吸收，可用于制造X射线窗口和太空望远镜。不过要小心，铍有毒，极少量的摄入便会让人一命呜呼。

Mg：

12号元素镁在地壳中的含量在金属元素中排第六位，约占2%。相信你对镁并不感到陌生。金属镁易燃，早期的老式照相机的闪光灯就是靠镁粉的燃烧从而产生闪光的。在食用的粗盐里氯化镁混在氯化钠之中，令其产生不多的苦味。

Rb：

37号元素铷。跟钠、钾不同，铷在人体内和植物体内几乎没有踪迹，金属铷也没有什么用途。但你千万别试着把金属铷投入水中，它会马上弹起来像鞭炮一样射伤你。

Cs：

55号元素铯是最活泼的金属，铯投入水中会马上弹起大大小小的火球并且伴随着爆炸声，十分危险。金属铯用于制造原子钟，用来确定国际原子时间。

Fr：

1939年，法国女科学家佩里发现了87号元素，并对它进行研究。为了纪念她的祖国，便把87号元素称为 francium，元素符号为 Fr。

据说87号元素钫存在的时间只有短短几分钟，全世界同时存在的钫只有几十克。

怪不得我们通常说铯是最活泼的金属，已经没有必要说到钫了。

碱金属元素：锂 钠 钾 铷 铯 钫

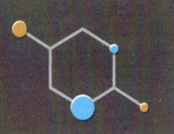

Li：

锂元素是老三，但在宇宙中的含量很低，远低于老大和老二。金属锂是最轻的金属，应用于航空、航天、军事等方面。

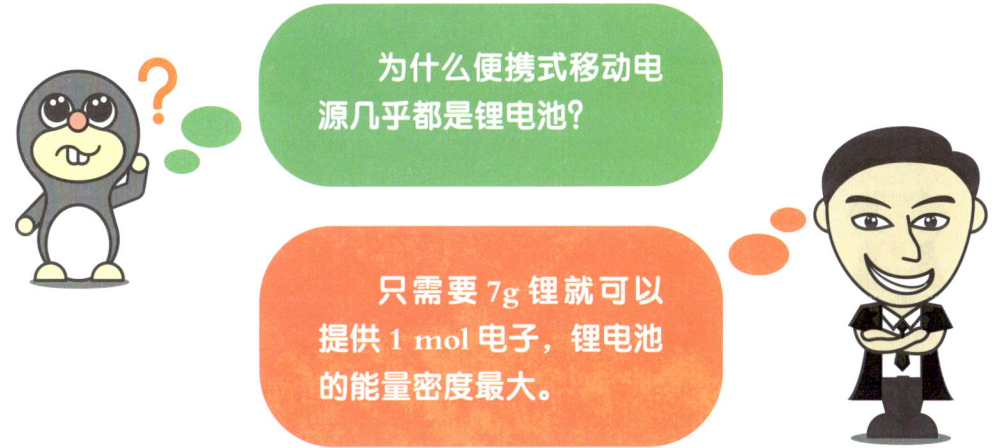

为什么便携式移动电源几乎都是锂电池？

只需要7g锂就可以提供1 mol电子，锂电池的能量密度最大。

锂有一定的毒性，但碳酸锂可以作为精神药物使用，主要用于治疗躁郁症，具有安定情绪的作用。氧化锂应用在陶瓷釉层以增强陶瓷的物理性能。

Na：

11号元素钠，在地壳表层含量较高，其在地壳中的含量在金属元素中排第四位，约占2.74%（质量分数，下同）。我们每天都要从食物中摄取钠元素，钠元素无毒，在人体中起到调节体液等生理功能。金属钠可作为核反应堆的导热剂。

K：

19号元素钾，在地壳中的含量在金属元素中排第五位，比钠稍低，约占2.47%。钾元素是人体必需的元素，体内钾浓度较低或较高都会危及生命。钾元素对植物也是必不可少的，能促进植物健康生长，如香蕉中就含有丰富的钾元素。金属钾主要应用于制造化肥，也和钠一样可作为制造核反应堆的导热剂。

如果你懂得周期表的结构和周期律，你只不过能应付一下考试。如果你对周期表中那么多有趣的元素视而不见、不闻不问，那你高中就白念了。现在跟着我进入周期表里认识那些有趣的元素吧！

群主：H

群主是氢元素，没听错，就是那个我们认为原子半径最微不足道的氢。你也许不相信，氢是周期表的老大。

在周期表中，氢排在开头的第一位意味着什么？

据说，在宇宙大爆炸之前，没有任何物质存在，大爆炸之后产生了巨量高能粒子。当1个质子捕获了1个电子，全宇宙第一种元素——氢诞生了。在极端的条件下氢原子发生核聚变产生了第二种元素——氦，氦原子再聚变为第三种元素——锂，以此类推，宇宙中产生了几十种元素。所有元素都应氢而生，氢是万物的种子，没有氢就没有其他元素，就没有物质，就没有全世界，当然也就没有人类。重要的事情说三遍：氢是老大，氢是老大，氢是老大。

在所有元素中，氢在地球中拥有最多的朋友，氢的化合物包括覆盖地球表面积约70%的水和遍布全球各个角落的无数生命体（包括已经死去的）。但就质量而言，氢占地球质量不足1%，这真是微不足道，是吗？你又错了！宇宙之大，地球如同微尘，氢元素总质量占全宇宙总质量的80%左右，是全宇宙80%！

附录
APPENDIX

元素的朋友群

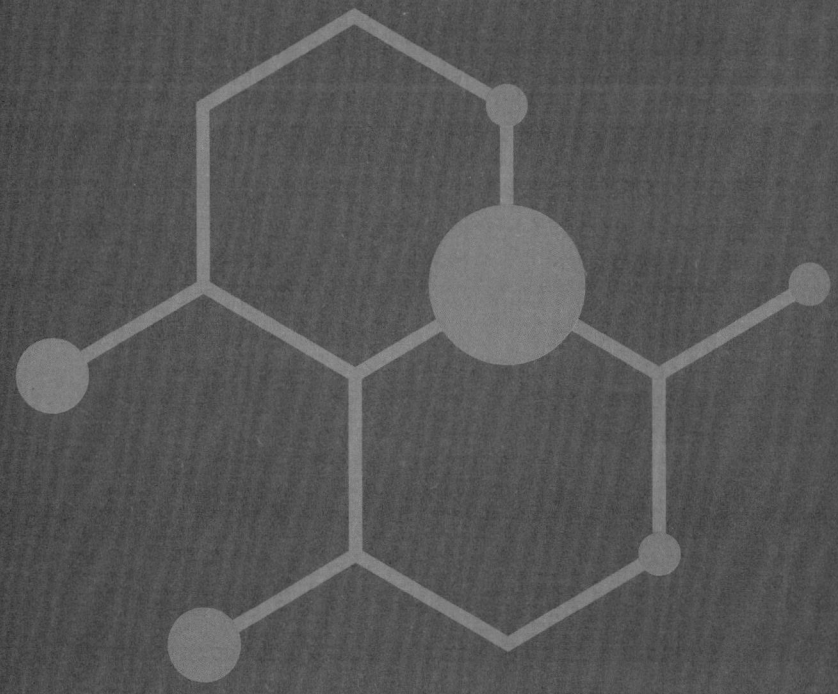

	Ne	CH$_4$	O$_2$、N$_2$	NH$_3$	HCl	CO$_2$	H$_2$O
名次	1	2	3	5	6	7	8
总分	26	22	22	18	16	14	11

氖气以其完美的几何球形夺得冠军,虽然甲烷、氧气和氮气分数相同,但甲烷有单项冠军,所以名次排前,夺得亚军。

氧气和氮气难分高下,这对"亿年搭档"愿意共同分享季军。
除二氧化碳分子外,结构匀称的分子排名靠前,这是万万想不到的结果。看来"对称"真的很重要。

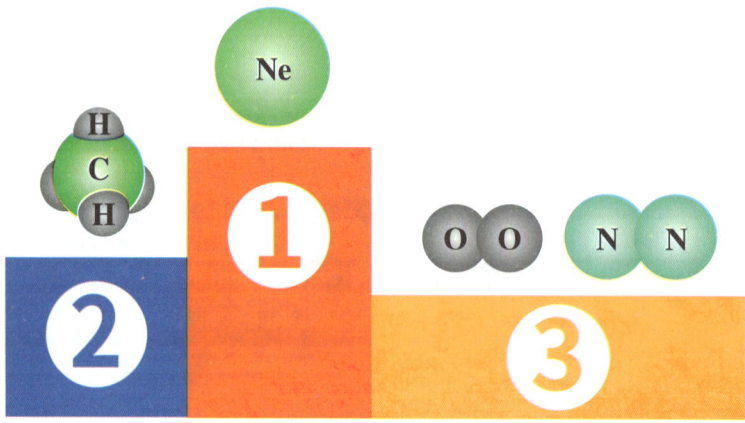

分子的熔沸点跟分子间作用力有关。

除 CO_2 分子外，结构匀称的分子的溶沸点都较低，为什么呢？

我猜想，可能是结构不匀称的分子聚集在一起时分子排列无规则，造成很多"拉拉扯扯"不易分开，所以熔点、沸点高。

噢，那我知道了，结构匀称的分子聚集起来时比较有规则，容易分开，所以熔点、沸点低。

我们再来看看总分及排名吧！

集体项目

冰桶挑战

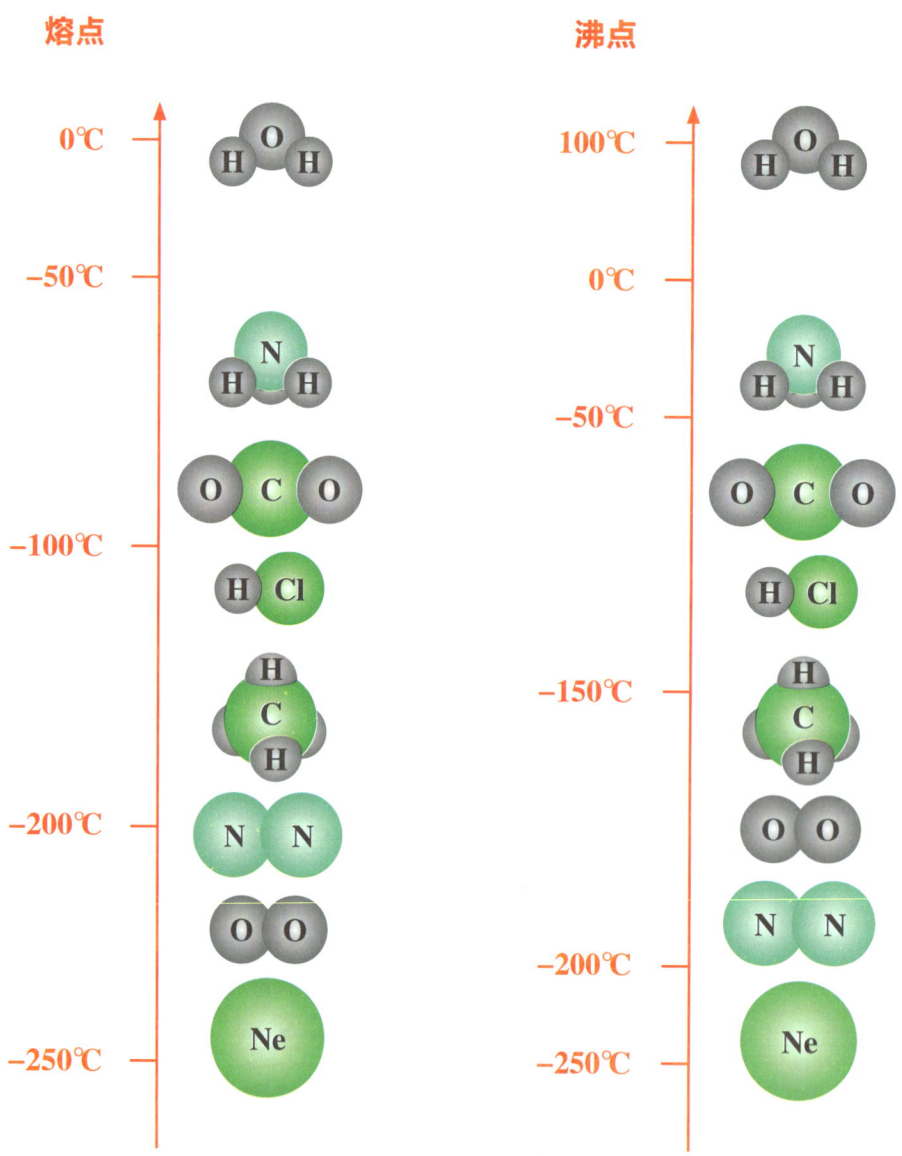

	Ne	O_2	N_2	CH_4	HCl	CO_2	NH_3	H_2O
名次	1	2		4	5	6	7	8
得分	8	7		5	4	3	2	1

注：氧气的熔点比氮气低，而沸点比氮气高，所以它们并列第 2 名。

由于F、O、N原子的得电子能力很强,不同分子中的F、O、N原子竞相吸引H原子,这种作用力称为氢键。氢键不属于化学键,其作用力小于化学键。由于分子间存在氢键,使分子间作用力增强,导致H_2O和NH_3沸点升高,NH_3与水分子形成氢键而极易溶于水。

有些结构不匀称的分子容易被水分子"逮住"手脚,不易从水中逃脱,所以较易溶于水。水分子不是直线型分子,电子分布不均匀。HCl分子中的电子主要聚集在氯原子上,电子分布也是不均匀的。HCl分子与水分子同病相怜,极易溶于水。

在化学上,物质的溶解性有"相似相溶"原理,可以理解为"相似相容"吧,毕竟物以类聚,人以群分。

在生活中,我们也常利用"相似相溶"原理解决问题。如手上沾有油漆时,若在水中用洗涤剂清洗,效果不佳,若用汽油来清洗就轻松多了。

因为油漆中的成分绝大多数是有机溶剂,可以溶解在汽油等有机溶剂中,而难溶解在水中。

3. 潜水

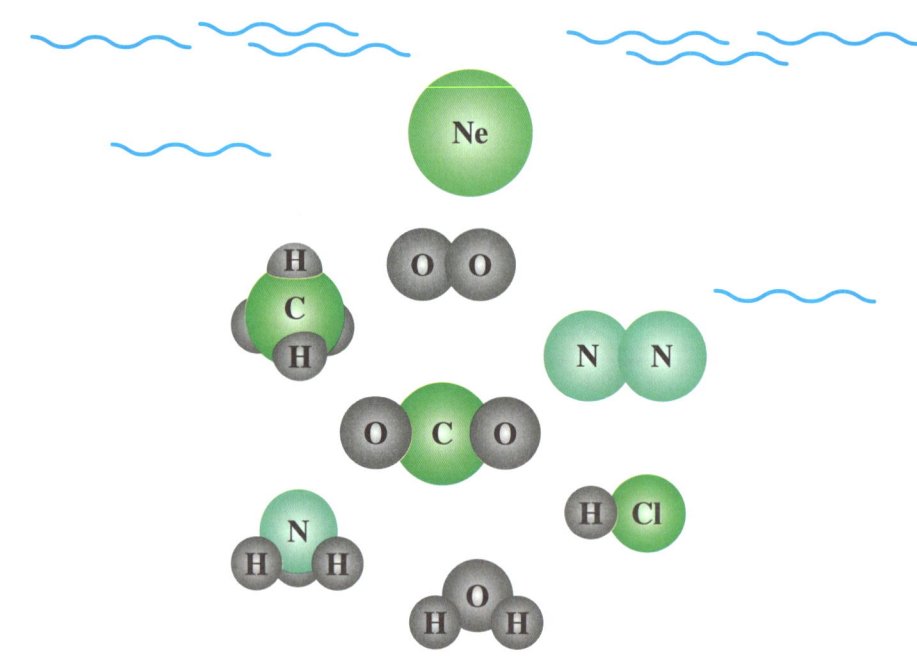

	H$_2$O	NH$_3$	HCl	CO$_2$	CH$_4$	O$_2$	N$_2$	Ne
名次	1	2	3	4	5			
得分	8	7	6	5	4			

水分子默认第一名，氨气和氯化氢极易溶于水，后面4种分子极难溶于水。水溶性与很多因素相关。

看来结构匀称的分子不易溶于水。

2. 滚

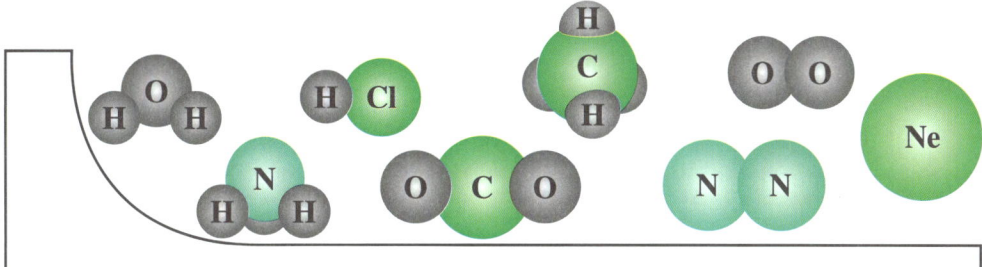

	Ne	O_2	N_2	CH_4	CO_2	HCl	NH_3	H_2O
名次	1	2	3	4	5	6	7	8
得分	8	7	6	5	4	3	2	1

这个项目很有创意，球形是最匀称、最完美的几何体，氖分子理所当然滚得最远。

其他几个结构匀称的分子也滚得较远。

氯化氢分子像个棒棒糖，氨气分子像三脚板凳，水分子像"人"字形树杈。这些分子构型都很不匀称，很难滚远。

个体项目

1. 立定跳高

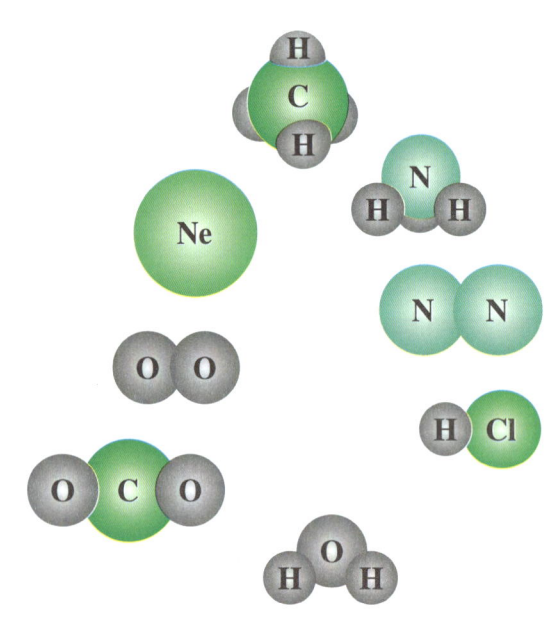

	CH₄	NH₃	Ne	N₂	O₂	HCl	CO₂	H₂O
名次	1	2	3	4	5	6	7	8
得分	8	7	6	5	4	3	2	1

这个项目没有悬念，相对分子质量小的，密度就小，自然跳得高。

水分子的相对分子质量较小，为什么跳得不高？

常温下水是液体，不可以用相对分子质量的大小来衡量其密度。

6. 五原子化合物分子代表，甲烷

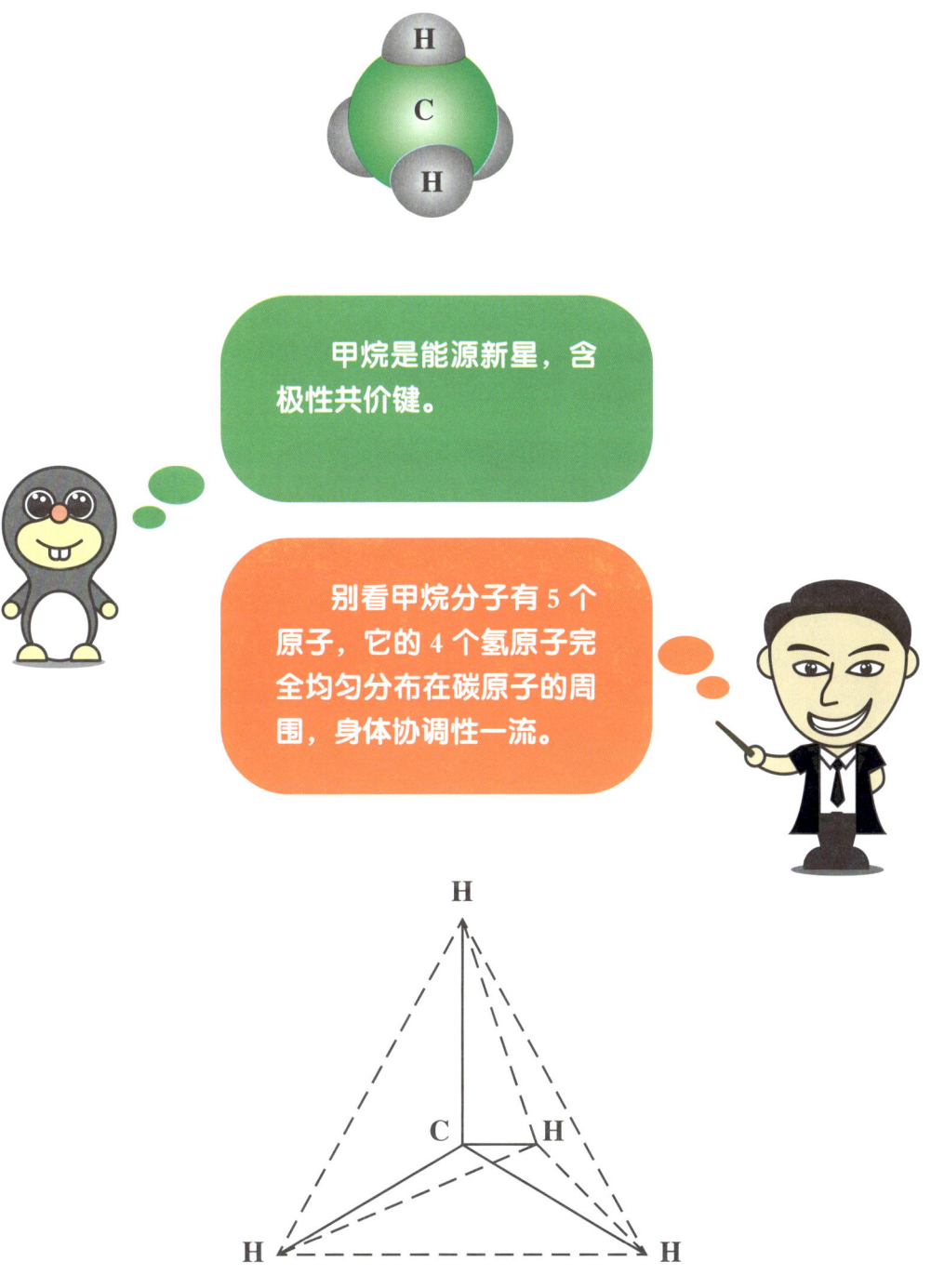

甲烷是能源新星，含极性共价键。

别看甲烷分子有 5 个原子，它的 4 个氢原子完全均匀分布在碳原子的周围，身体协调性一流。

甲烷分子是正四面体结构，C 原子位于正四面体的中心，H 原子位于四面体的四个顶点。由中心到四个顶点的直线等长，夹角都是一样的。它不分上下前后左右，无论你从哪个方向看都是一样的。

4. 三原子化合物分子代表，二氧化碳和水

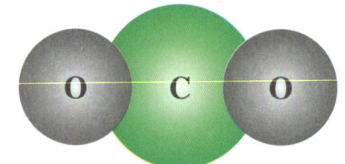 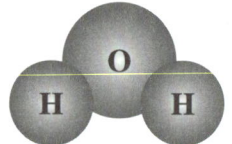

它们是消防界的明星，水又被称为生命之源。它们都含极性共价键。

CO_2 是直线型分子，而水分子不是直线型的，所以 CO_2 的身体协调性更好。

5. 四原子化合物分子代表，氨气

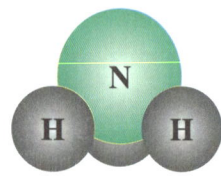

它是"厕所明星"，就是在厕所里闻到的刺激性气味，氨气分子中含极性共价键。

氨气分子构型就像一张有3个脚的小板凳。

参赛运动员名单

1. 单原子分子代表，稀有气体氖气

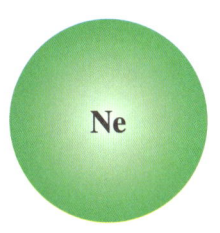

稀有气体原子本身有稳定的结构，它们不需要用化学键来形成分子，可称为单原子分子。所以它没有化学键。

2. 双原子单质分子代表，氧气和氮气

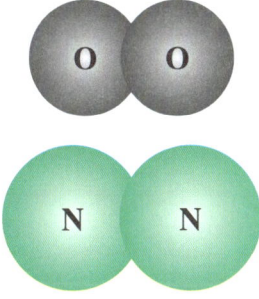

人气明星 O_2，低调隐士 N_2。它们是"宇宙级老友"，它们都含非极性共价键。

3. 双原子化合物分子代表，氯化氢

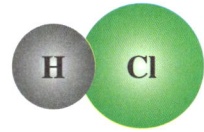

氯化氢具有刺激性气味，含极性共价键。

比赛项目

1. 立定跳高

原地起跳,看谁跳得最高,相对分子质量小的占优。

2. 滚

从高台沿斜面滚下,看谁滚得最远,分子结构匀称的占优。

3. 潜水

潜入水中,看谁在水中呆的时间最长,易溶于水的占优。

冰桶挑战。由各分子集体参赛,比试在低温下哪个集体不会被冻僵。分子间作用力越小,熔、沸点就越低,得分就越高。

计分规则:

每个项目排名次,第 1 名 8 分,第 2 名 7 分,依次递减。

奖励方法:

每个项目奖励前三名,所有项目的总分奖励前三名。

世界首届分子运动会组委会名单

主　　任：金刚石

副 主 任：NaCl

裁判名单：石墨、SiO_2、KCl、NaOH、Na_2SO_4

总裁判长：石墨

发 令 员：硅

计 时 员：KOH

记 录 员：SiC

器 材 组：Si_3N_4、$CaSiO_3$

检 录 组：$MgCl_2$、$(NH_4)_2SO_4$

医 疗 组：$BaSO_4$、$NaNO_3$

保 卫 组：$CaCO_3$、Al_2O_3

奖 品 组：Na_2O_2、Na_2O

摄 影 组：$KMnO_4$、$FeCl_3$

现场解说：小林、优优

经本鼬认真审查，除了小林和优优分别属人和动物，以上物质都不是由分子组成的物质，可以担任相关工作。

6 分子运动会

物质世界将举行一次分子运动会,要求参赛者必须是分子。

为了确保比赛的公平公正,组委会和裁判员必须由不存在分子的物质来担任。

举办分子运动会有什么重要意义?

因为中学生习惯把组成物质的粒子统称为分子,如"氯化钠分子",这个说法是错误的。事实上很多物质是不存在分子的。举办分子运动会能增进大家对分子概念和分子结构的理解,了解分子的物理性质和相关知识。

豪华游比喻是指阴阳离子间以离子键形成离子化合物，离子化合物还可以再细分，就好像豪华游的服务多元化。

如果豪华游只接纳单身游客，这个比喻指的是只含离子键的离子化合物，如 NaCl、KCl、CaO、NaO_2(两个 O 离子在 Na^+ 两边)、$MgCl_2$(两个 Cl 离子在 Mg^{2+} 两边)等。

如果豪华游同时接纳单身游客和结伴的游客，这个比喻指的是离子化合物中也可以存在共价键(包括极性和非极性)，如 NaOH(O 原子和 H 原子结伴，存在极性共价键)、Na_2O_2(两个 O 原子结伴成 O_2^{2-} 离子，存在非极性共价键)，还有其他含结伴原子团的碱和盐等。

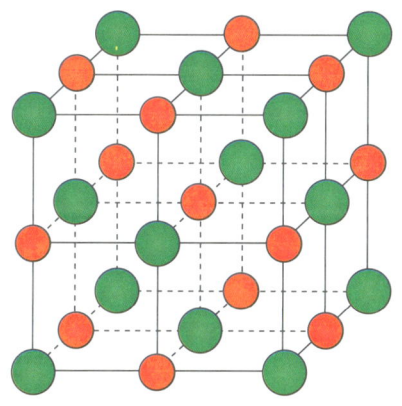

氯化钠晶体结构

NaCl 晶体中存在 NaCl 分子吗？

在离子化合物中，每一个阴离子同时与多个阳离子形成离子键，每一个阳离子同时与多个阴离子形成离子键，没有能"独善其身"的分子。"NaCl 分子"的说法本身就是错误的。

方案二是这样的：

我们知道钠离子和氯离子是两亲家，所以并非一个钠离子只与一个氯离子有静电作用，就如亲戚关系不仅指两个人的关系，而是两个家族中众多人的相互关系。因此一个钠离子同时与多个氯离子有静电作用，一个氯离子同时与多个钠离子有静电作用。这种静电作用遍布氯化钠家族的每一个角落，它把所有的钠离子和氯离子联系在一起凝聚成为强大的整体，就像树叶之于蚂蚁，把蚂蚁联结为一个整体，作为蚂蚁渡河的平台。

这个方案确实比较好。

方案一是这样的：

这是个兄弟连。每一个氯化钠都是一对铁打不散的好兄弟，但这对氯化钠兄弟和另一对氯化钠兄弟可能是陌生人，它们彼此之间不存在强关连，只是简单地聚在一起。

假如氯化钠真的是这种结构，那么氯化钠就是由分子组成的，在常温下它可能是液态的。

如果是这样，我们在做菜时将像倒油一样往食物里添加盐了，那一定很有趣吧！

方案二：

钠原子把最外层的电子嫁过去，反正他们早就眉来眼去，一个愿嫁，一个愿娶。钠原子变成了阳离子，拆除虚设的城墙，半径变小了；氯原子变成了阴离子，城墙往钠离子那边靠，半径变大了。阴阳离子之间有静电作用，这种作用就像钠离子和氯离子两亲家把两家的城墙连起来，两家关系紧密牢靠，又适当保持距离，独立自主。

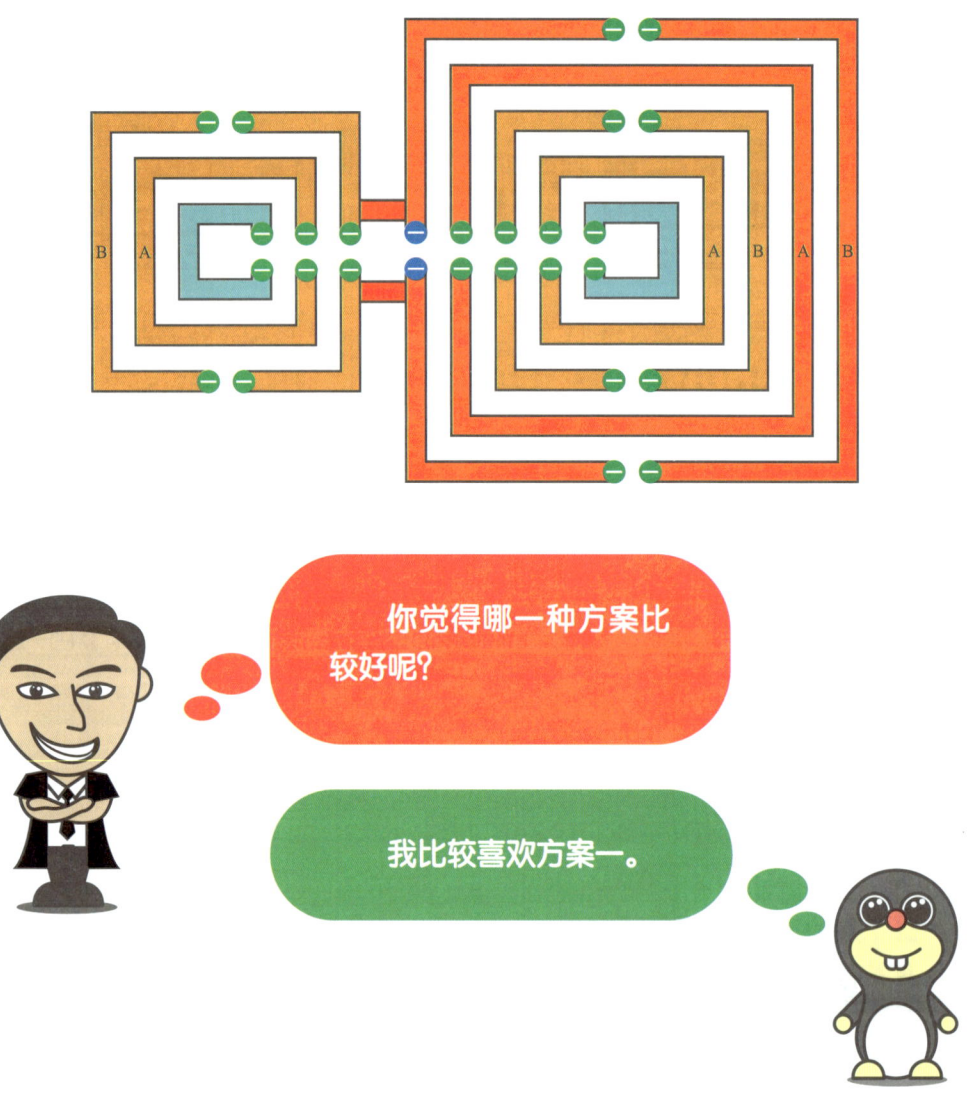

你觉得哪一种方案比较好呢？

我比较喜欢方案一。

相信很多人都会选择方案一，感觉方案一比较牢固。但真相与此相反，为什么呢？原因在于这只是一个钠原子与一个氯原子间的你情我愿，但全世界不是只有一个钠原子和一个氯原子，而是有许许多多个钠原子、氯原子。我们要用全局的眼光看问题，当有多个氯化钠聚集在一起的时候，两种方案有什么不一样的区别？

如钠原子和氯原子，钠原子的核外电子排布为 2,8,1，最外层的 1 个电子（用蓝色表示）守第三层的 A 墙大门，它孤单寂寞，一有机会就会跑，整条防线形同虚设。氯原子的核外电子排布为 2,8,7，最外层的 7 个电子中有两个电子守 A 墙大门，5 个电子守 B 墙的三个门，其中有 1 个门只有 1 个电子（用蓝色表示）值守，第三层防线就差 1 个守卫就完美了，于是双方协商联防方案。

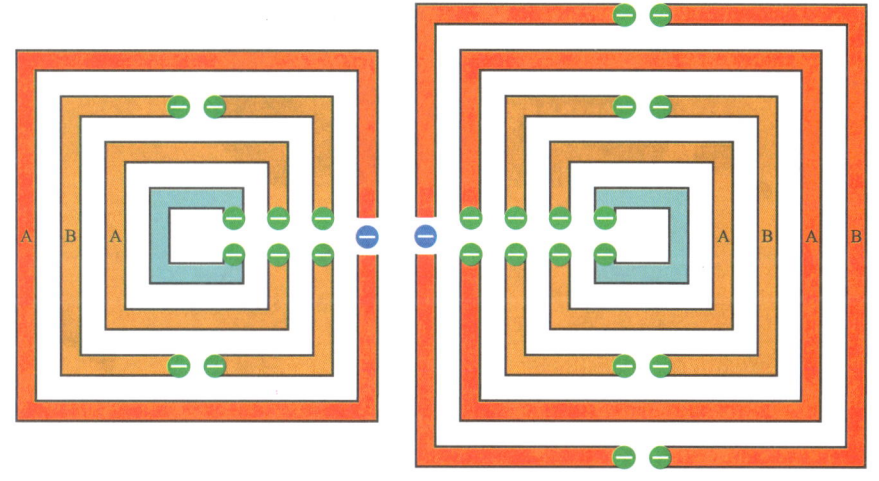

方案一：

双方各出 1 个电子，形成共用电子对，共用一道墙，双方半径都没有发生明显变化，就像结成异性兄弟、铁杆哥们。

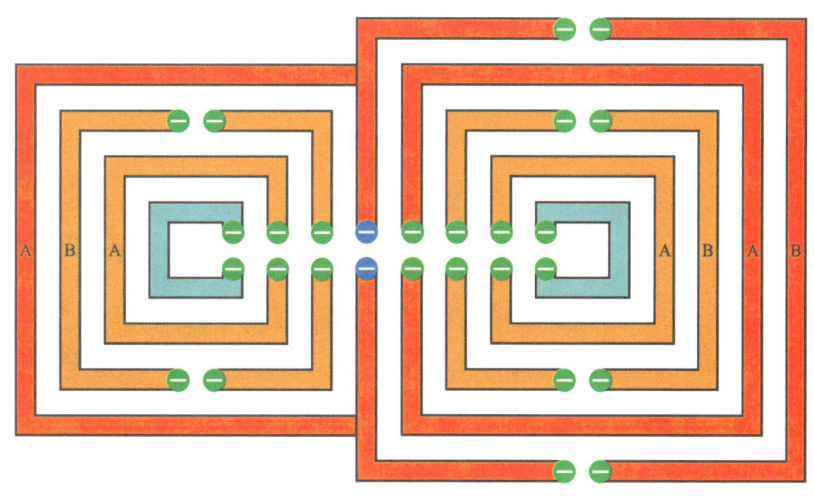

方案四：豪华游

就像树叶托着蚂蚁，一片大的树叶对蚂蚁来说相当于一艘豪华游轮，应对一般恶劣天气和复杂的水情是不需要担心的。蚂蚁之间不需要手拉手就可以组成稳固的集体，是因为树叶作为介质联结了每个蚂蚁的力量，这种作用力比喻的是另一种化学键——离子键。

什么是离子键？它与共价键有什么不同？

非金属原子之间通常以共价键结合成单质或化合物，而活泼金属原子和活泼非金属原子通常以离子键结合成化合物。

为什么活泼金属原子和活泼非金属原子通常不共用电子？

这要看哪一种方式更稳定。

SiO_2 晶体中是否存在 SiO_2 分子?

在这样的整体中不存在 SiO_2 分子，每一个 Si 原子、每一个 O 原子都不能独立于整体。

所以 SiO_2 不能称为分子式，只能称为化学式。

怪不得 CO_2 和 SiO_2 同属酸性氧化物，但物理性质差别巨大。

分子能聚集在一起靠的是分子之间的弱作用力，称为范德华力，这种作用力比化学键弱得多。

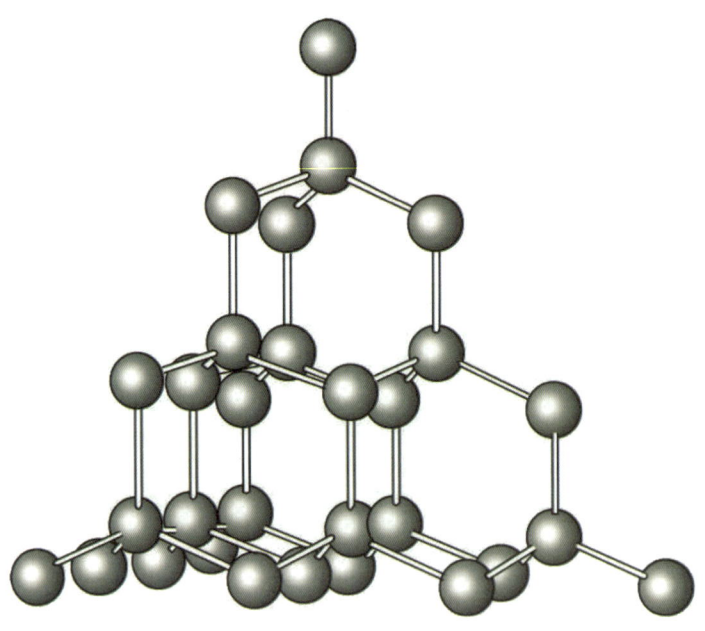

金刚石结构（局部）

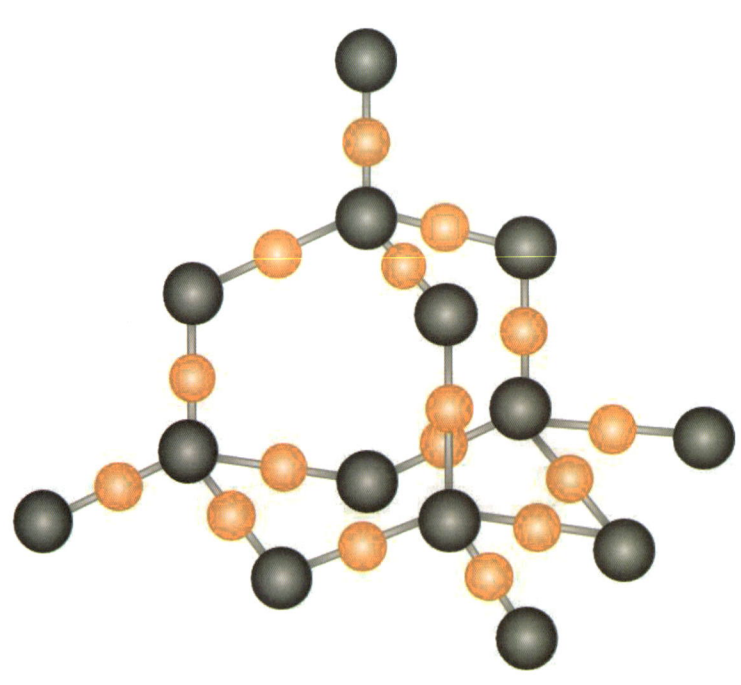

二氧化硅结构（局部）

结伴过河的方式还可以是多个原子手拉手组成一个稳固的小团体。这个比喻指多原子组成的共价化合物分子，其共价键可以是非极性共价键或极性共价键，亦或两者有之。如 O_3、P_4、CO_2、H_2O、NH_3、CH_4、H_2SO_4、HNO_3、有机物分子等。

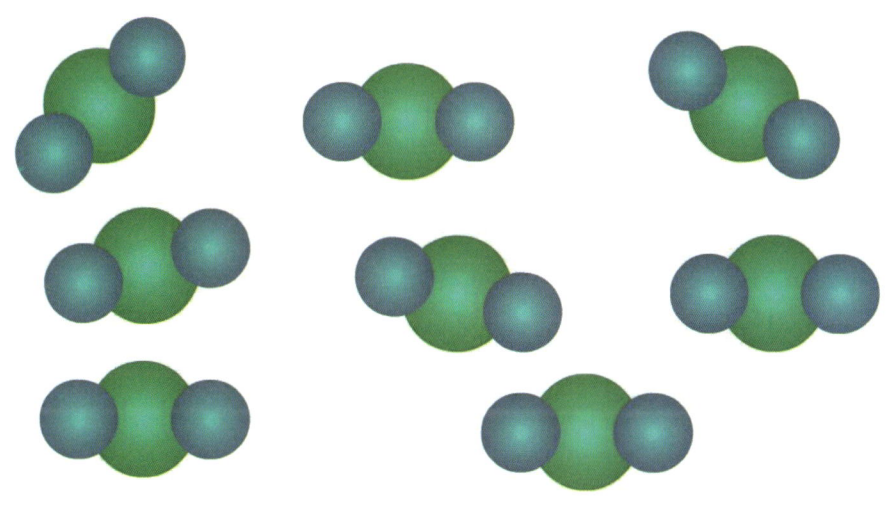

方案三：组团游

前两个方案，自驾游和结伴游是由单个或多个原子组成的分子团体。其优点是自由，每个分子团体跟其他分子团体之间不存在强的关联和约束。但这也正是它的缺点，各自为政，组织不严，遇到强大的水流就会被冲散。这个比喻指的是由分子组成的物质，由于分子间没有化学键作用因而熔点较低。而组团游方案可以解决这个问题，这里所说的组团游是指数量庞大的原子手拉手形成一个强大的整体。这是最接近蚂蚁过河的方式，是最可靠的，能经受起强大的水流冲击而不会被冲散。每一个原子都是整体的一部分，没有一个原子不与其他原子相连，不存在单独的与整体无关联的原子。这个比喻指某些非金属原子之间以共价键结合成近乎无边无际的含有无数共价键的强大整体，这样的物质往往熔点很高、硬度很大。如果是同样的原子组团，比喻为由同种元素的原子以非极性共价键结合成强大的单质，如金刚石、硅晶体。如果是不一样大的分子组团，比喻为由不同种元素的原子以极性共价键结合成强大的化合物，如 SiO_2、SiC、Si_3N_4 晶体。同样，这些物质熔点很高、硬度很大。

方案二：结伴游

有些原子的能力不够强大，可以选择结伴过河的方式。两个同样大的原子手拉手可以组成稳固的分子组合，两个原子都贡献了同样的力气，它们平等地分享了合力带来的稳定性。这个比喻指非金属原子之间以共用电子对形成稳定的结构，这种作用力称为共价键。而同种元素的原子形成的共价键，因共用电子对不偏向某一方，称为非极性共价键。如双原子单质分子 H_2、O_2、N_2、Cl_2 等。

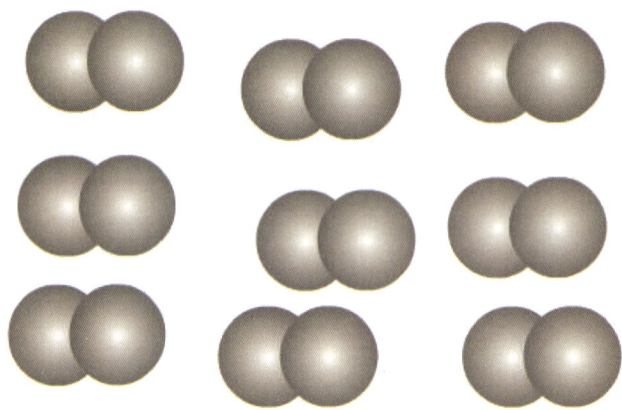

结伴过河的方式还可以是两个不同种原子手拉手组成稳固的组合，由于两个原子贡献了不同等力气，能力强的原子拖着能力弱的原子占据主动。这个比喻指不同种元素的原子形成的共价键因共用电子对偏向某一方，这种共价键称为极性共价键。如双原子化合物分子 HF、HCl、HBr、HI 等。

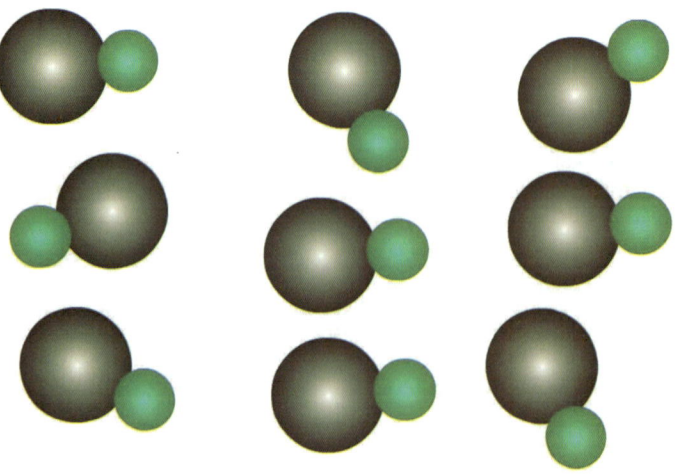

5 分子过河，各显神通

原子是化学变化中的最小粒子，为了在物质世界中生存，原子会利用自身特点找到最适合自己的生存方式，就好像蚂蚁过河，它们会找到适合自己的最佳方案。

方案一：自驾游

这里的"自驾游"是指单独行动的意思。某些原子能力强，可以独自过河，不需要别的帮助。这个比喻指的是稀有气体原子由于它们的原子核外电子最外层具有 8 个电子（氦只有 1 层 2 个电子）的稳定结构，天生就有独立能力，所以稀有气体原子不需要与其他原子结合就能稳定存在。

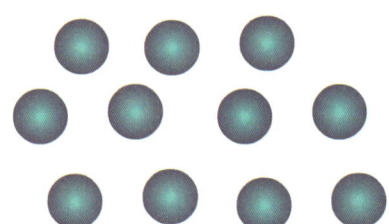

如果你进一步研究,说不定能把里面元素的金属性和非金属性逐个由大到小排列起来。

这个非常有创意的周期表应该叫什么名字呢?

我已经想好了,叫做"菱形周期表"。

太好玩了!

周期表还有很多排法,你可以发挥想象,给自己定制一个专属周期表。

科学家早已发现，处在由左上至右下的对角线上的元素具有相似的性质，并把这个发现称之为"对角线规则"，这些元素具有同等程度的金属性或非金属性。就像我们在上面周期表看到的那样。

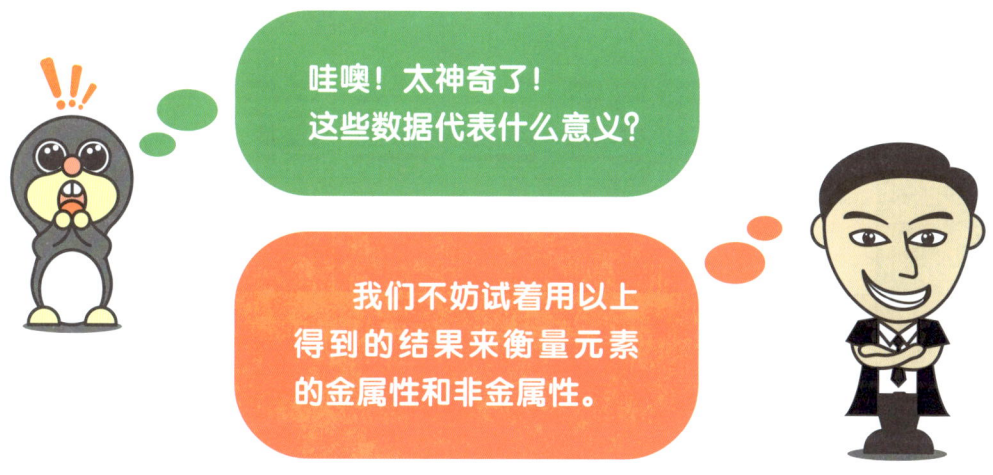

我们来大胆创新，表中数据如果大于0则代表金属，小于0则代表非金属，并把数值相同的元素按原子序数由小到大、周期数依次增大的规则纵向排列，得到如下的周期表。可以看到，越往左，数值越大，代表金属性越强；越往右，数值越小，代表非金属性越强。同一列元素的金属性相等，具有相似的性质，而数值为0的一列则处在金属与非金属之间，这些元素恰好是我们课本上周期表中所见的处在金属与非金属交界线边上的元素，这些元素既有金属性又有非金属性。由左下往右上的对角线上的元素就是同一主族元素。

金属性逐渐减弱　　　　**非金属性逐渐增强** →

+12	+10	+8	+6	+4	+2	0	−2	−4	−6	−8	−10
						H					
					Li	Be	B	C	N	O	F
					Na	Mg	Al	Si	P	S	Cl
				钾	钙	镓	锗	砷	硒	溴	
			铷	锶	铟	锡	锑	碲	碘		
		铯	钡	铊	铅	铋	钋	砹			
钫	镭	𬬻	𬭛	𬭳	𬭶	砈					

我们可以从纵横两个维度来定义每一种元素，如果计算每一种元素所对应的纵向与横向所代表的卦的阳爻总数与阴爻总数之差，得到下面结果。

	乾	夬	大壮	泰	临	复	坤		
									坤
H 0									复
	Li +2	Be 0	B −2	C −4	N −6	O −8	F −10		临
	Na +4	Mg +2	Al 0	Si −2	P −4	S −6	Cl −8		泰
	钾 +6	钙 +4	镓 +2	锗 0	砷 −2	硒 −4	溴 −6		大壮
	铷 +8	锶 +6	铟 +4	锡 +2	锑 0	碲 −2	碘 −4		夬
	铯 +10	钡 +8	铊 +6	铅 +4	铋 +2	钋 0	砹 −2		乾
	钫 +12	镭 +10	钦 +8	铁 +6	镆 +4	钰 +2	础 0		

我们发现，处在对角线上的元素具有相同的计算结果。

这代表什么意义？

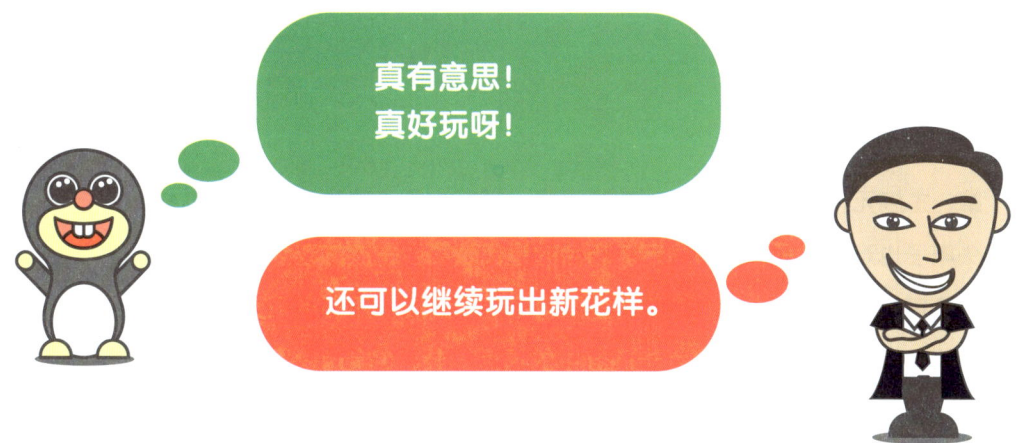

在周期表中，由上至下金属性增强，非金属性减弱。我们如法炮制得到下面的周期表。

乾	夬	大壮	泰	临	复	坤		
H								坤
Li	Be	B	C	N	O	F		复
Na	Mg	Al	Si	P	S	Cl		临
钾	钙	镓	锗	砷	硒	溴		泰
铷	锶	铟	锡	锑	碲	碘		大壮
铯	钡	铊	铅	铋	钋	砹		夬
钫	镭	铼	铁	镁	钇	砸		乾

第一主族元素金属性最强，用乾卦代表；第四主族元素的原子核外有 4 个电子，既难失电子也难得电子，性质稳定。巧合的是代表第四主族的泰卦其含义就是稳重，真是妙不可言啊！而 0 族元素既不是金属也不是非金属，用三条阳爻与三条阴爻组成末济卦合乎情理。且末济卦是六十四卦中的最后一卦，0 族元素是每个周期的最后一种元素，这样的安排是众望所归。

下面用《易经》八卦图的模型把上面的周期表由内往外排，就得到《易经》版的周期表，这就是"国产版"的周期表。

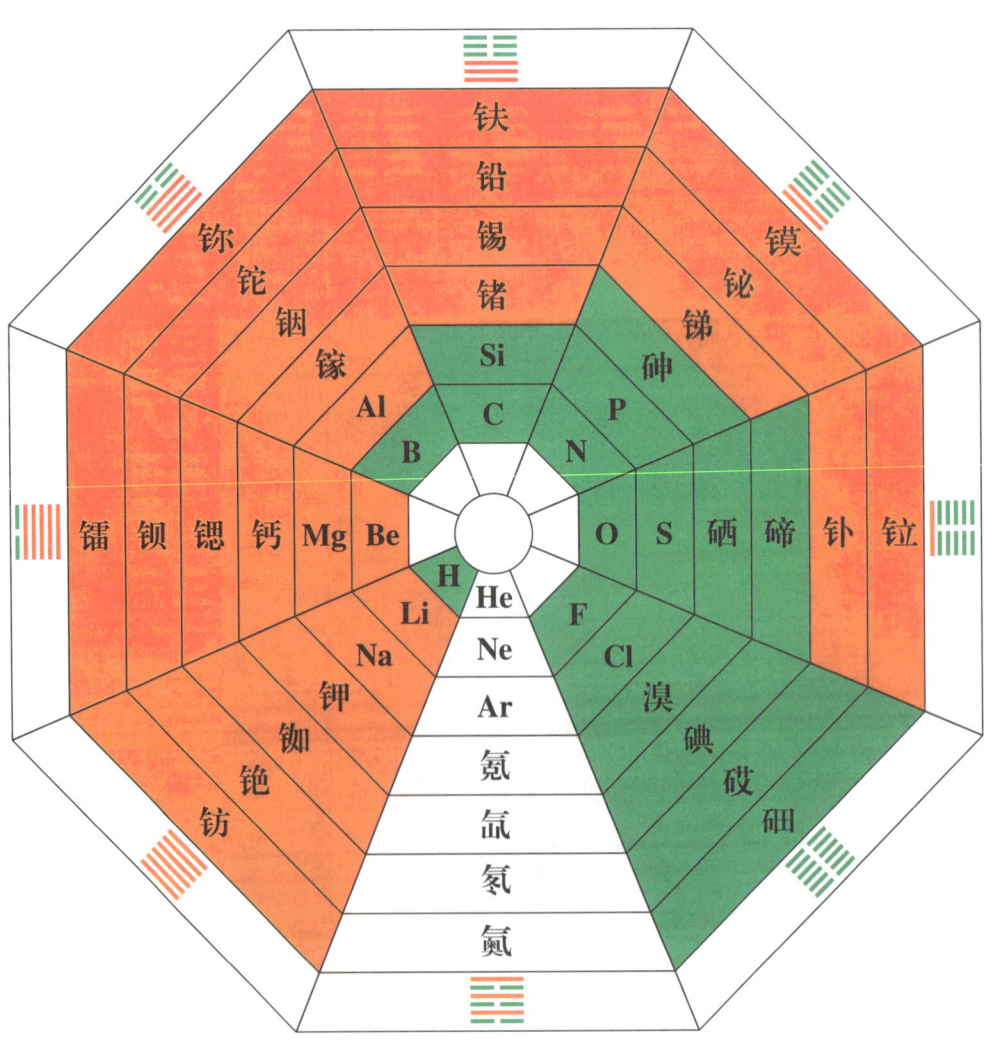

周期表与古老的《易经》有着神秘的联系。

在上面的周期表中，由左至右金属性减弱，非金属性增强。阳代表金属，阴代表非金属，所以由左至右阳减少，阴增多。乾卦代表至阳，由左往右逐渐减小一条阳爻，相应增加一条阴爻。巧合的是，至阴的坤卦刚好排到非金属性最强的卤族，就得到如下周期表。

乾	夬	大壮	泰	临	复	坤	未济
H							He
Li	Be	B	C	N	O	F	Ne
Na	Mg	Al	Si	P	S	Cl	Ar
钾	钙	镓	锗	砷	硒	溴	氪
铷	锶	铟	锡	锑	碲	碘	氙
铯	钡	铊	铅	铋	钋	砹	氡
钫	镭	铈	铁	镁	钇	砶	氮

"国产版"周期表

我们在课本上看到的元素周期表称为长式周期表，是瑞士化学家维尔纳在门捷列夫研究结果的基础上绘制的，是"进口货"。如果把中间红色框内的元素去掉，就得到如下的主族元素及 0 族元素周期表，这样研究元素性质的变化规律更实用。

IA								0
H	IIA	IIIA	IVA	VA	VIA	VIIA		He
Li	Be	B	C	N	O	F		Ne
Na	Mg	Al	Si	P	S	Cl		Ar
钾	钙	镓	锗	砷	硒	溴		氪
铷	锶	铟	锡	锑	碲	碘		氙
铯	钡	铊	铅	铋	钋	砹		氡
钫	镭	铱*	铁*	镆*	鉝*	础*		氮*

注：带"*"的是人造元素。

电子层	墙数	门数	最多可容纳电子数
第一层 (K)	1	1	2
第二层 (L)	2	4	8
第三层 (M)	3	9	18
第四层 (N)	4	16	32
第五层 (O)	5	25	50
第六层 (P)	6	36	72
第七层 (Q)	7	49	98
前两层	3	5	10
前三层	6	14	28
前四层	10	30	60
前五层	15	55	110
前六层	21	91	182
前七层	28	140	280

这些课本没有介绍的知识考试会考吗？

哈哈，对不起！这不是我介绍这些知识的初衷。我告诉你是因为我觉得它有趣。你觉得呢？

紧挨着锌元素的下一种元素是第 31 号元素镓，多出来的电子就可以排到第四层，即 2,8,18,3，则第四周期由第二主族(ⅡA)过渡到第三主族(ⅢA)之间相隔了 10 种元素，这就是为什么周期表呈凹形的原因。

IA											ⅢA	ⅣA	ⅤA	ⅥA	ⅦA	0
氢	ⅡA															氦
锂	铍										硼	碳	氮	氧	氟	氖
钠	镁										铝	硅	磷	硫	氯	氩
钾	钙	钪	钛	钒	铬	锰	铁	钴	镍	铜	锌	镓	锗	砷	硒	溴	氪
		镧系															
		锕系															

同样的现象也存在于第五、第六、第七周期，紧跟第二主族(ⅡA)后，它们的核外电子也在忙着排 C 墙，即第五周期元素原子排第四层的 C 墙，第六周期元素原子排第五层的 C 墙，第七周期元素原子排第六层的 C 墙。

第四电子层比第三层多了一道墙，即 D 墙，D 墙共 7 个门，则第四层共有 16 个门（A 墙 1 个，B 墙 3 个，C 墙 5 个，D 墙 7 个），所以第四层最多可容纳 32 个电子。

为什么第六周期存在镧系，第七周期存在锕系，各包含 15 种元素却只在周期表中占据 1 个位置？你一定有兴趣知道吧！第四周期的元素原子所拥有的电子数只能排到第四层的 A、B 墙，第五周期元素才能排 C 墙，第六周期元素才能排 D 墙。因为 D 墙有 7 个门，电子由全空到全满（即 0~14）共经历 15 种元素。如果在周期表中把这 15 种元素按每种元素占据 1 个位置排列，则周期表的形状就变成了长蛇形，这不便于展示。而且更因为这 15 种元素的性质非常接近，可以把它们看成是同一类，所以把它们归为一个系列，放在周期表中的一个位置。第七周期的锕系也是同样的道理，有 15 种元素跟第五层的 D 墙有关。

第五电子层又比第四层多了一道墙，即 E 墙；第六电子层又比第五层多一道墙，即 F 墙；第七电子层又比第六层多一道墙，即 G 墙……小小的原子核，其核外安保防线竟如此的严密。

由于第四层 A 墙大门已经有两个电子守卫，由第 21 号元素钪开始，多出的电子将安排到第三层的 C 墙去，直到第 30 号元素锌把 C 墙排满。这里一共有 10 种元素，其核外电子排布方式是一个模式。

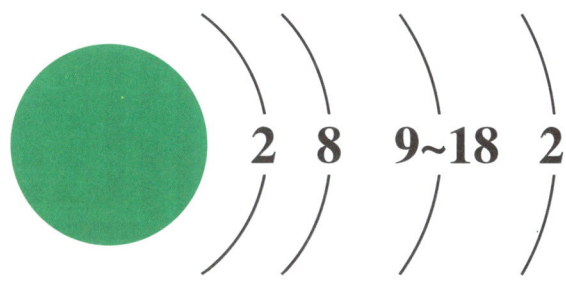

这 10 种元素的最外层电子都是 2，区别在于第三层电子数，实际是第三层 C 墙的电子数。我们熟悉的第 26 号元素铁，其原子核外电子排布为 2,8,14,2。

这里还有一个另类，第 29 号元素铜，按照顺序来排其核外电子排布应为 2,8,17,2，但实际上是 2,8,18,1。为什么？我们再来比较另外两种排法，你看看哪一种比较好。

2,8,17,2　　　　　　　　**2,8,18,1**

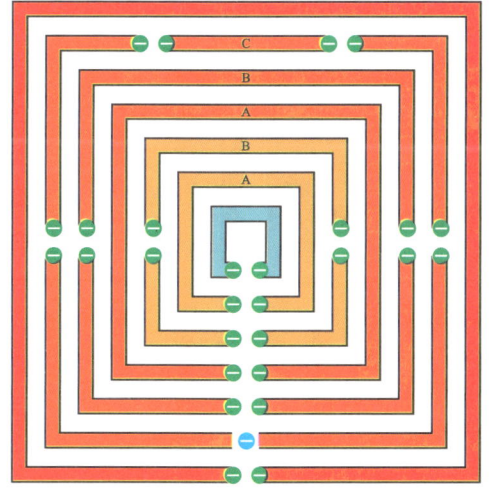 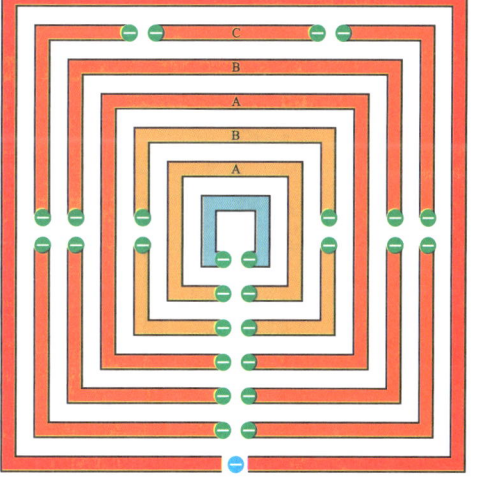

区别只是在于用蓝色代表的电子。前一种方案先考虑排满第四层 A 墙大门，则第三层的 C 墙差 1 个电子就可以排满。后一种方案是先考虑把第三层的 C 墙排满，剩 1 个电子守第四层的 A 墙大门。相比之下，我们认为后一种方案把第三层排满是更好的，实际上就是如此。

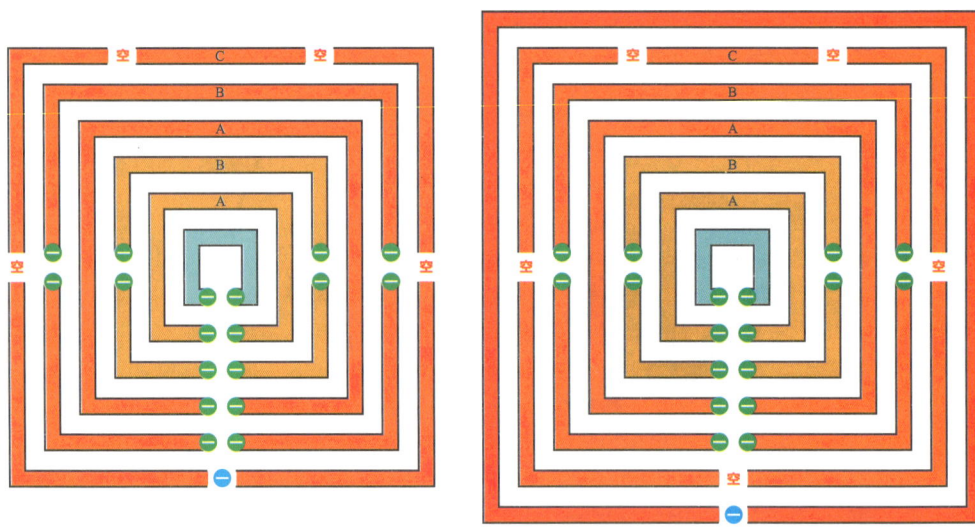

区别只是在于用蓝色代表的电子，一种是站第三层的 C 墙，另一种是站第四层的 A 墙。乍一看没什么两样，但 2,8,9 方案中 C 墙共 5 个门，1 个电子守 5 个门会不会累死？有作用吗？倒不如空着 C 墙，先安排站第四层的大门更好。你说呢？至少"钾老帝"是这样认为的。接着下来的第 20 号元素"钙老帝"也同意先空着第三层的 C 墙，安排 2 个电子守第四层。

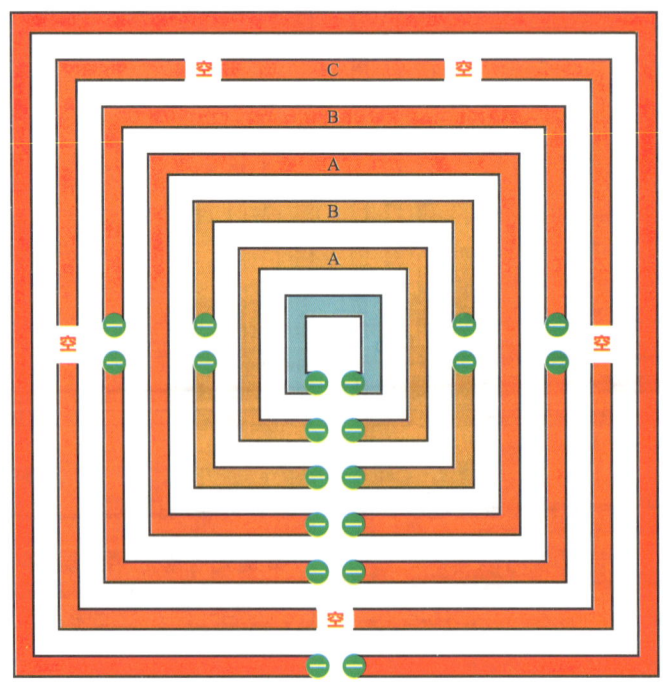

第三层：在第一层、第二层外，有 A、B、C 三种类型的围墙。其中 A 墙 1 个门，B 墙 3 个门，这与第二层相同。但是增加的 C 墙在后方多开了 2 个门，所以 C 墙有 5 个门。这样一来，第三层最多可容纳 18 个电子。我们可以把它想象为古代帝王的皇城，皇城内共有 14 个门，28 个守卫。

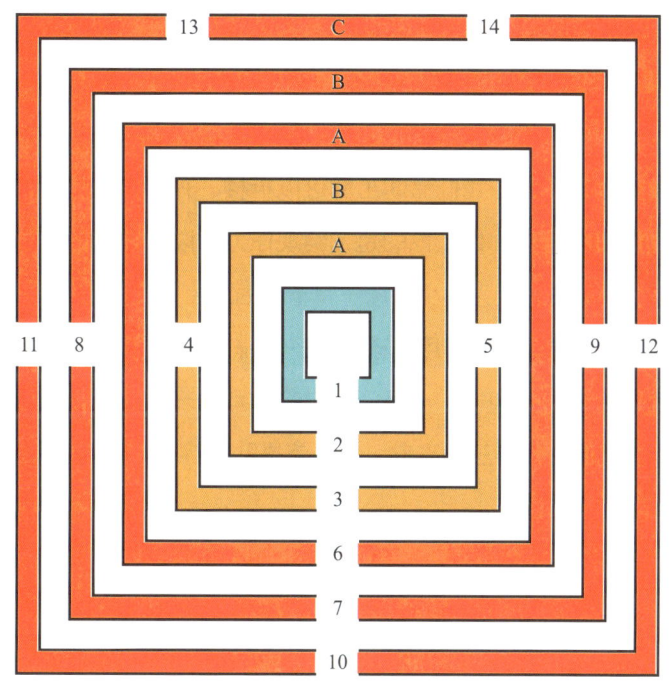

说到这，大家一定有问题了，第 19 号元素钾原子只有 19 个电子，电子排布由里往外依次为 2,8,8,1。它的第三层还没有排满就排到第四层去，为什么？

第四层的 A 墙同样只有 1 个门，它是进入皇城的唯一通道，最多可站 2 个侍卫。为什么钾原子的第三层还没有排满就要排到第四层去呢？我们来比较两种排法，看看哪一种比较好。

原子的安保防线

人类的力量究竟有多大？我们借助工具可以拆楼、开山、挖隧道，现代人类的力量之大甚至可以炸毁小行星。但遗憾的是，到现在为止以及往后的很长时间里人类还无法拧碎一个小小的原子，因为小小的原子有着极为严密的安保防线。

核外电子对原子核具有保护作用，核外电子的排布方式显得尤其重要。

第一层：就是简单的一道墙、一扇门，左右分别站一个守卫，所以第一层最多可容纳两个电子。这就像古代帝王的寝室，电子就是贴身侍卫。

第二层：在第一层外，有 A、B 两种类型的围墙。其中 A 墙 1 个门，B 墙 3 个门，共 4 个门。每个门最多站两个守卫，所以第二层最多容纳 8 个电子，我们可以把它想象为古代帝王的皇宫。像氖原子、氟离子、钠离子、镁离子、铝离子它们的第二层都是排满的，所以非常稳定。

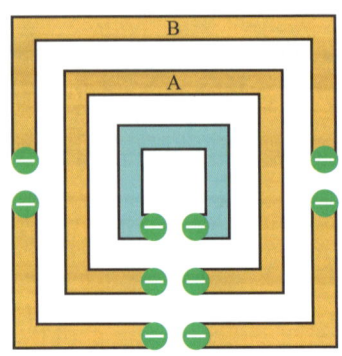

氢元素有三种原子——氕、氘、氚，其中氕没有中子，它在所有的氢原子中几乎占了100%；氘有1个中子，也称为重氢；氚有2个中子，也称为超重氢。要在氢原子里找出氘和氚犹如大海捞针。我猜想，氕、氘、氚原子核的大小不同，且会越来越大。

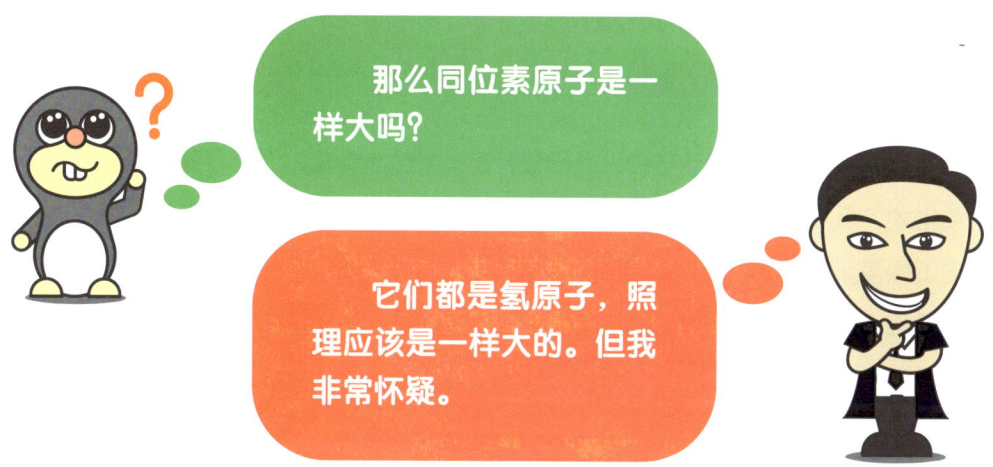

因为它们的质子数都是1，带1个正电荷，对核外电子的引力是相等的，只是中子数不同，但中子不带电，对电子没有吸引力。但我们漏掉了中子与电子之间的万有引力，你会说它们太小了，这种作用力可以忽略。是的，对于我们人类来说，它们太小了，但对它们而言，电子之于中子，就像月球之于地球，所以电子一定会受到中子的吸引。我大胆推测，氘原子比氕原子小，而氚原子更小。

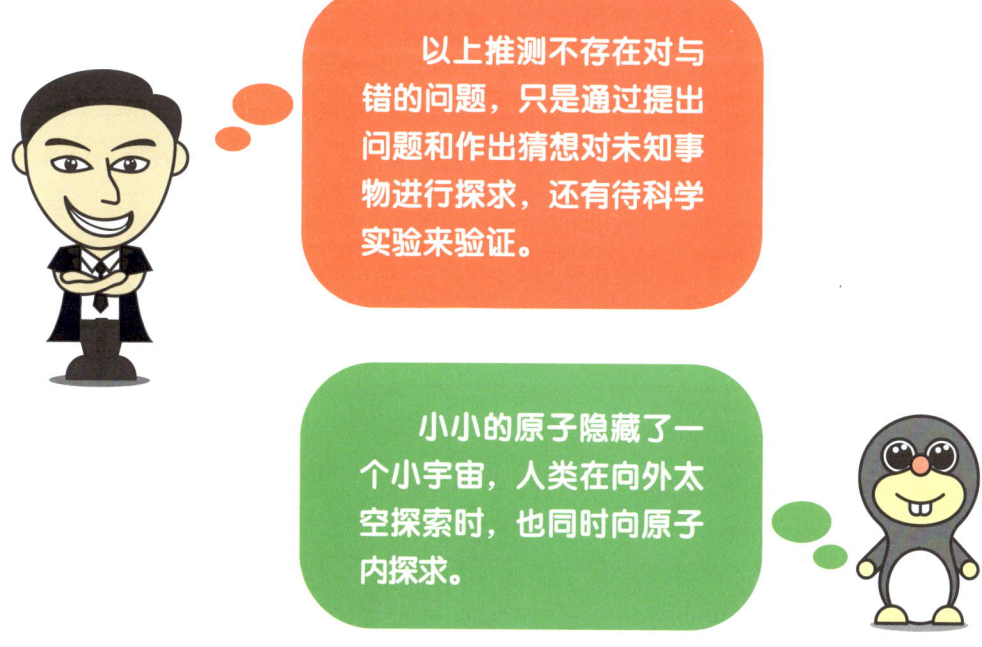

猜想 6

原子里存在电子"碎片"。

在我们的太阳系里,除了较大的行星,还有无数小行星、卫星、彗星、岩石碎片和尘埃。因此可以推测在原子里面存在着比电子还小的粒子。从我们的太阳系出发向上探索,宇宙是无限大的,大到没有尽头;向下探究,原子也是一个宇宙,宇宙也是无限小的,原子内的微粒没有最小,只有更小,小到没有尽头,只是我们现在的科学水平还没有找到比电子更小的电子"碎片"。

> 宇宙无限大,宇宙无限小。

猜想 7

电子会"变轨"。

在我们的太阳系里,行星沿着固定的轨道运行了几十亿年,在这段时间里确实存在着有些行星脱离了自己的轨道而撞上其他行星的情况。因此可以推测在原子里某电子层运动着的电子也会有不安分的时候,它们可能会从第二层跳到第三层玩玩,然后再回到第二层。真实的情况确实是这样的,当原子接收到外界的能量干扰时,电子就会发生跃迁,焰色反应就是一个很好的例子。

猜想 8

同一种元素的原子大小也不完全相同。

我们来做一个有趣的实验,在高空中安装一台超高清摄像机,连续一年 365 天不停地录下小林老师每天的行动轨迹,然后把视频用快播的方式把 365 天缩短到 10 分钟里播放完毕,你将会看到人造的电子云。

在"人造电子云"中,每一个闪动点代表我在那里出现一次,闪点最多的区域代表我在那出现的概率最大,也就是从家里到学校的区域。

如果我是一个电子,你在视频中看到的结果是我没有固定的运动轨迹,但我从家里到学校几乎走同一条路,只是每次都不可能百分百完全重复。也就是说没有绝对,只有相对。

猜想 5

离核近的电子运动得快,离核远的电子运动得慢。

在我们的太阳系里,越靠近太阳,受到太阳的引力越大,为了不被太阳"吃掉",必须跑得更快。因此水星公转周期最短,不足半年;金星不足一年;地球一年(当然,规则是由地球定的)。离太阳越远,运行得越慢,公转周期越大,以至于海王星要用 160 多年才能绕太阳一圈。

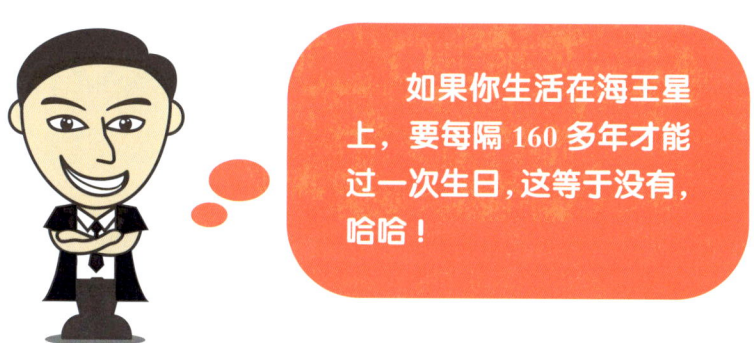

如果你生活在海王星上,要每隔 160 多年才能过一次生日,这等于没有,哈哈!

科学证明,电子在离核近的区域比离核较远的区域运动得快。在电子云模型中,离核近的区域电子云的密度大,除了说明电子在此区域出现的概率大,我想这可能也和电子在此区域运动得快有关。

绕太阳公转的天体有各自的运行轨道，它们不会相撞。科学证明，同一层电子还可以再细分为亚层，每个亚层有多个独立的轨道，每个电子有自己的轨道，但关于电子是否会相撞还暂无结论。

> 如果电子的运动是无规则的，则存在相撞的可能。

猜想 4
电子的运动毫无规则是相对的。

> 绕太阳公转的天体有各自的运行轨道，你确定它们从来不会走偏，哪怕一点点我们无法测量出来的小偏差？

> 我想，任何事物都是相对的，没有绝对的存在，唯一的绝对就是相对。

猜想 2

电子有大小差别。

绕太阳公转的天体有大有小，电子也有大小之分吗？

科学证明，电子质量约为 $9.10956×10^{-31}$kg，意思是电子是一样大的。但我们的物质世界中大到恒星、行星，小到原子、分子都存在大小差别，难道只有电子不存在大小差别？

我猜想电子有大小之分，只是由于电子极小极小，我们还无法准确测量出它们所存在的差别。

猜想 3

同一层的每个电子都有自己的运动轨道。

太阳系的天体都有自己的运动轨道，所以不会相撞。请问同一层的电子是否毫无规则地挤在一起？它们会相撞吗？

太阳系就像是一个放大版的钠离子。太阳是原子核，核外第一层的 2 个电子是水星和金星；第二层的 8 个电子是地球、火星、木星、土星、天王星、海王星、冥王星（暂且借用）、冥外行星（暂且借用）。

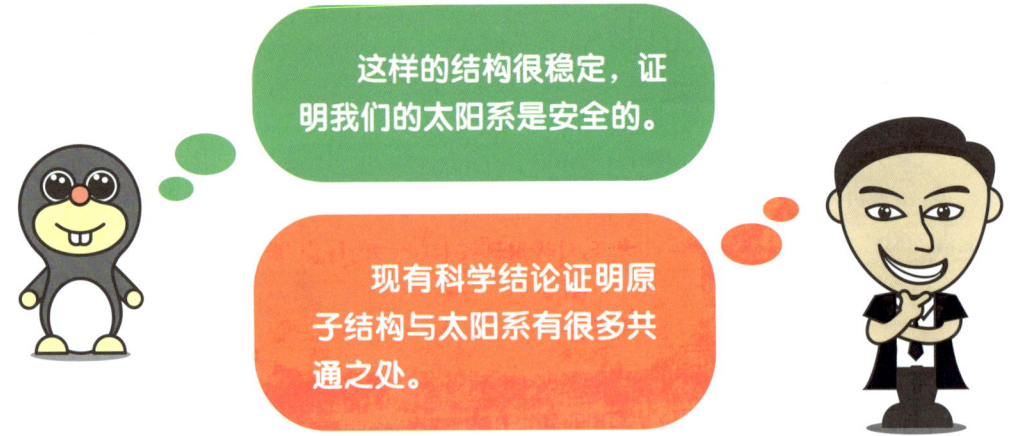

太阳的体积只占整个太阳系体积的几千亿分之一，但太阳的质量占整个太阳系总质量的 99% 以上。所以太阳系内的行星被巨大质量的太阳吸引，并在巨大的宇宙空间内绕太阳中心运动。原子结构也一样，原子核很小很小，但原子核的质量几乎就是整个原子的质量，电子在巨大的空间里绕核运动，只是没有固定的运动轨道。现有研究对电子结构有了一些结论，但我肯定这不是最终结论。电子真实行为是怎样的呢？我们可以做大胆的质疑和想象。

猜想 1
电子会自转。

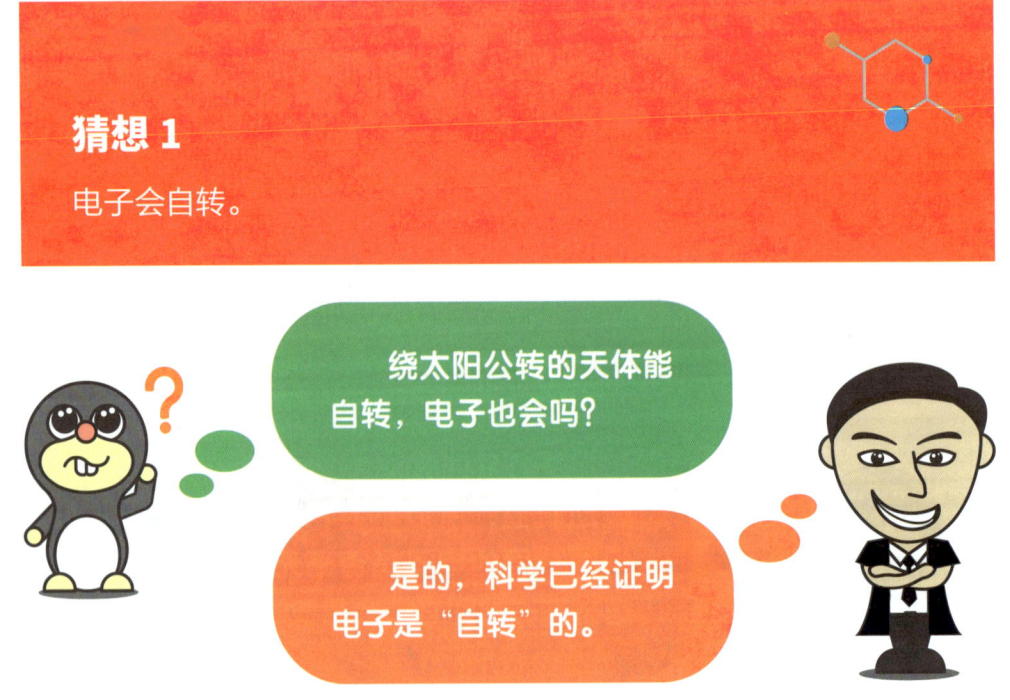

2 电子那么小，想进去瞧瞧

2000 多年前的古希腊数学家、哲学家毕达哥拉斯认为"8"代表和谐，而"10"包容了一切个位数目，代表圆满和美好。他从球形是最完美的几何体的观点出发，认为大地是球形的，提出了太阳、月亮和行星做均匀圆运动的观点。他还认为"10"是最完美的数，所以天上运动的发光体必然有 10 个。

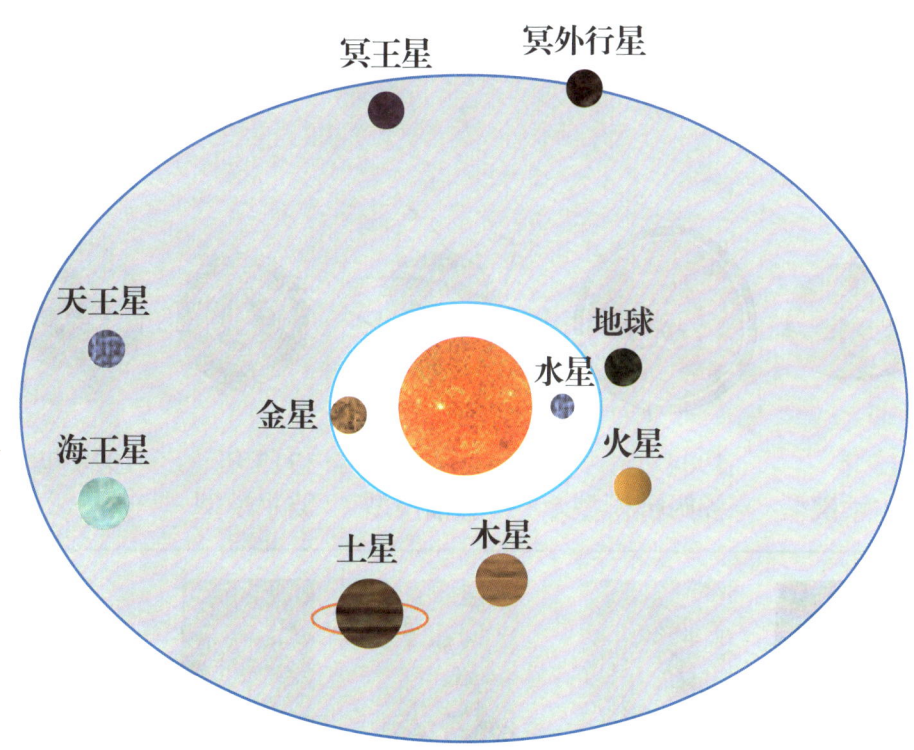

1913 年，丹麦科学家玻尔发现核外电子是分层排布的，每一层的电子沿着固定轨道绕着原子核运动。我们可以用巧克力球来作比喻，最里层是一颗完整的果仁，往外一层是浓软巧克力，再往外一层是威化层，最外层是巧克力和碎果仁。

约 1920 年，科学家发现电子并不是沿着固定轨道绕着原子核运动的，电子运动没有固定轨迹，只能用出现的概率大小来描述。电子在离核近的区域出现的概率较大，在离核较远的区域出现的概率较小，从而提出了电子云模型。

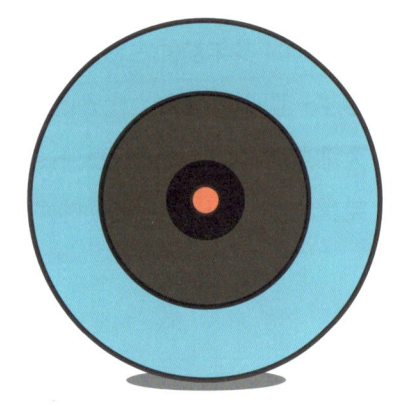

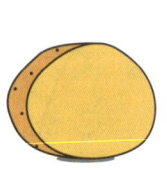    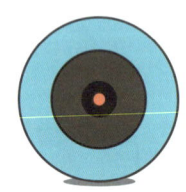

1813 年
道尔顿模型

1904 年
汤姆孙模型

1911 年
卢瑟福模型

1913 年
玻尔模型

1920 年
电子云模型

约翰·道尔顿

约瑟夫·约翰
·汤姆孙

欧内斯特
·卢瑟福

尼尔斯·玻尔

1 掀起原子的盖头来

1813年，英国科学家道尔顿发现物质是由一个个微细的原子组成的，原子不可再分，就好像是实心球。因为当时还没有发现原子核和电子。我们可以拿土豆作比喻，土豆里面没有"核"也没有"子"。

1904年，英国科学家汤姆孙发现原子里面存在电子，认为电子是均匀分布在原子里面。我们用西瓜来做比喻，西瓜里面分布着西瓜籽。因为当时还没有发现原子核，就好像西瓜有籽，但没有"核"。

1911年，英国科学家卢瑟福发现了原子核，认为电子像行星一样沿着固定的轨道绕着原子核运动。

第四章
CHAPTER FOUR

原来如此

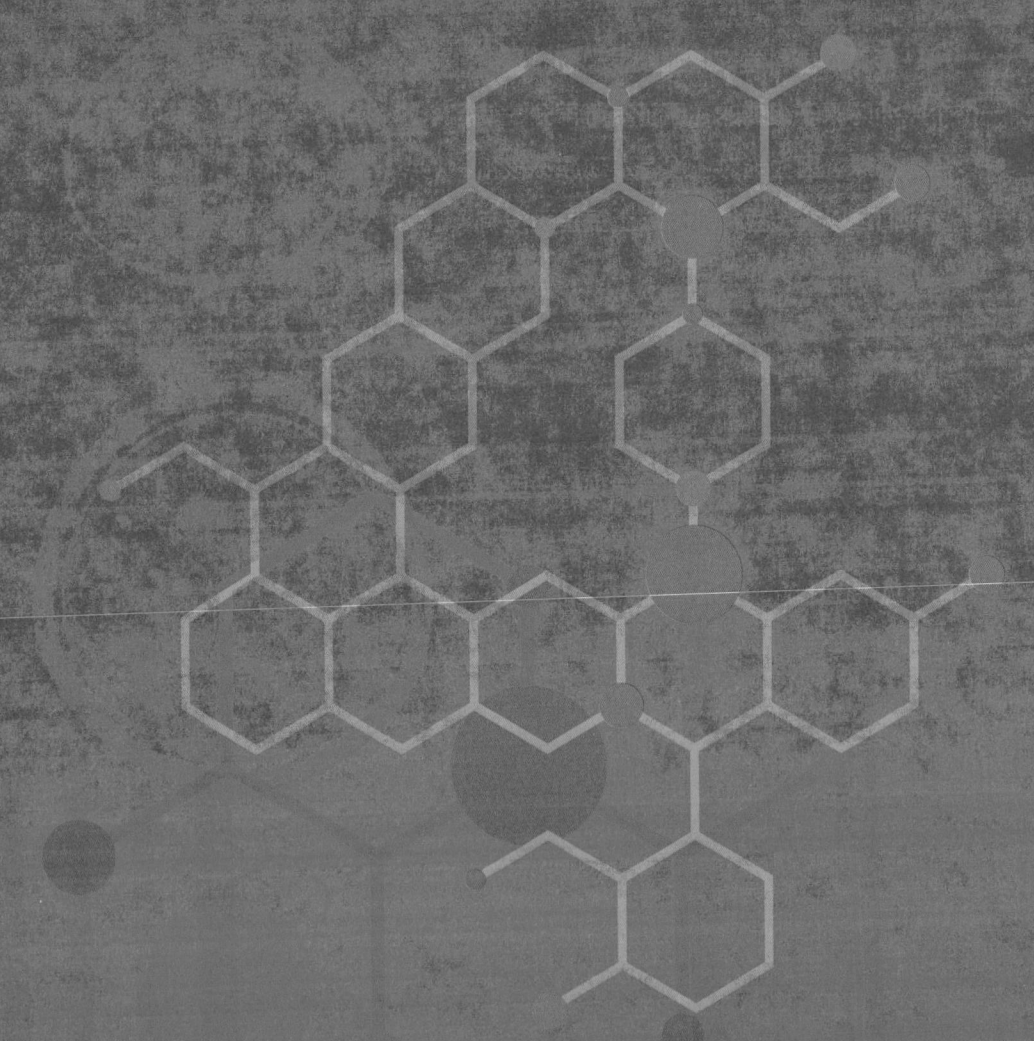

因此，Al^{3+} 能与酸共存，不能与碱共存，与碱反应生成 $Al(OH)_3$。

AlO_2^- 能与碱共存，不能与酸共存，与酸反应生成 $Al(OH)_3$。

Al^{3+} 与 AlO_2^- 都来源于 $Al(OH)_3$，同祖同宗，两者反应生成 $Al(OH)_3$。

$$Al^{3+} + 3AlO_2^- + 6H_2O = 4Al(OH)_3 \downarrow$$

在强酸制弱酸的规律中，$Al(OH)_3$ 也占有一席之地，只是它的酸性只比水强。

酸性：$HCl > H_2CO_3 > HClO > NaHCO_3 > Al(OH)_3 > H_2O$

碱性：$NaCl < NaHCO_3 < NaClO < Na_2CO_3 < NaAlO_2 < NaOH$

由此可知，几乎所有酸或弱酸根都能跟 $NaAlO_2$ 反应生成 $Al(OH)_3$，$NaHCO_3$ 也不例外。

$$NaHCO_3 + NaAlO_2 + H_2O = Al(OH)_3 \downarrow + Na_2CO_3$$

也可知，HCO_3^- 与 AlO_2^- 不能共存，虽然它们都属于弱酸根。

也可知，$Al(OH)_3$ 与 $NaOH$ 反应的化学方程式：

$$Al(OH)_3 + NaOH = NaAlO_2 + 2H_2O$$

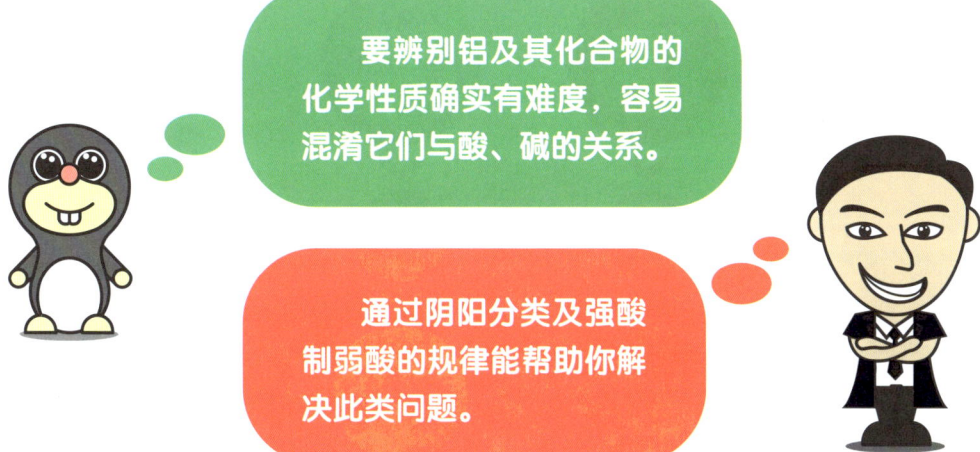

要辨别铝及其化合物的化学性质确实有难度，容易混淆它们与酸、碱的关系。

通过阴阳分类及强酸制弱酸的规律能帮助你解决此类问题。

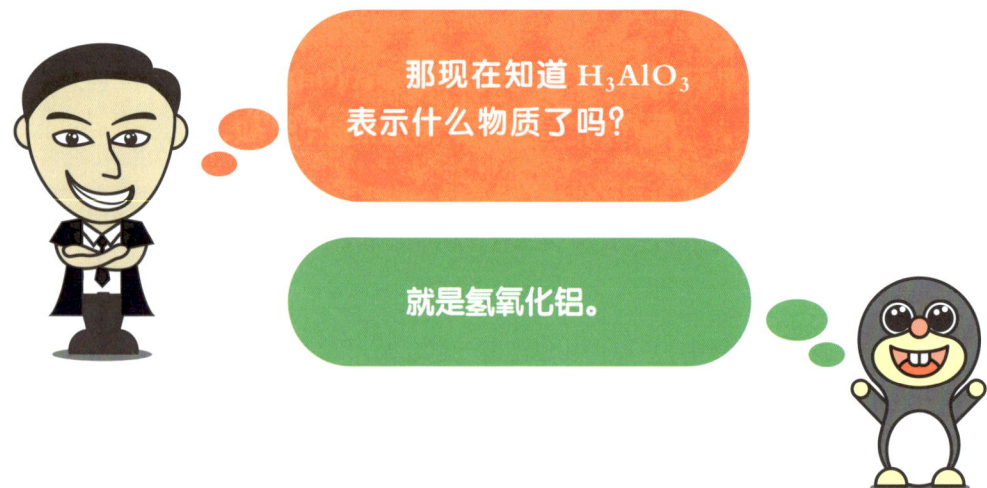

氢氧化铝的双重身份造就了两种不同性质的盐：

$$3OH^- + Al^{3+} \leftarrow Al(OH)_3 \rightarrow AlO_2^- + H^+ + 2H_2O$$

Al^{3+} 盐是氢氧化铝作为碱时生成的盐，属于弱碱盐；
AlO_2^- 盐是氢氧化铝作为酸时生成的盐，属于弱酸盐。
它们在阴阳分类两大阵营中处于对立的位置。

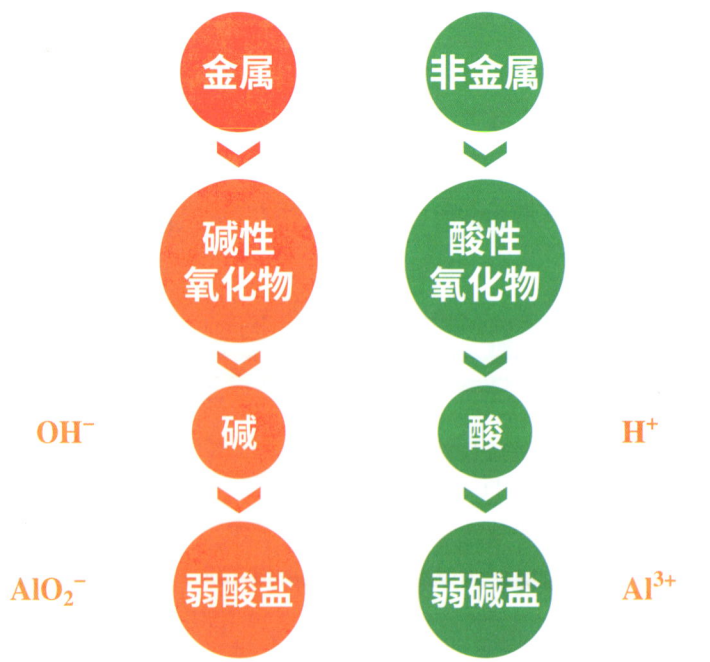

$$Al_2O_3 + 6H^+ == 2Al^{3+} + 3H_2O$$

但氧化铝也像酸性氧化物一样，能与碱反应生成盐和水。

$$Al_2O_3 + 2OH^- == 2AlO_2^- + H_2O$$

所以准确来说，氧化铝不属于碱性氧化物，它属于特别的一类，叫做两性氧化物。我们说铝制品与酸性或碱性的物质反应，首先是指氧化铝与酸或碱的反应。

两面派之三：氢氧化铝

一听名字就知道它是碱，能跟酸反应是例行公事。

$$Al(OH)_3 + 3H^+ == Al^{3+} + 3H_2O$$

但没想到它也能像酸一样，能与碱反应。

$$Al(OH)_3 + OH^- == AlO_2^- + 2H_2O$$

所以氢氧化铝既是酸也是碱，称为两性氢氧化物。如果你不介意它有另一个名字，可以称它为"铝酸"。

铝酸脱去水得到偏铝酸。

$$H_3AlO_3 == H_2O + HAlO_2$$

前面我们知道，物质世界可划分成阴、阳两大类，其中金属、碱性氧化物、碱和弱酸盐划分为阳，而非金属、酸性氧化物、酸和弱碱盐划分为阴。阴、阳两大阵营的物质是相互对立的，虽然性质相反，但有可能相互反应。按道理铝和氧化铝、氢氧化铝属于阳类物质，但实验研究发现它们也有阴类物质的显著性质，是两面派。

两面派之一：铝

铝，姓"金"名"吕"。

作为金属，跟酸反应产生氢气是命中注定。

$$2Al + 6H^+ == 2Al^{3+} + 3H_2 \uparrow$$

但铝也能像活泼非金属那样跟碱反应，而且也能生成氢气。

$$2Al + 2OH^- + 2H_2O == 2AlO_2^- + 3H_2 \uparrow$$

这个两面派还算公平，无论跟酸还是跟碱反应，生成的氢气一样多。所以铝制品不能长期用来盛放酸性或碱性的物质，但为什么铝制品很耐用，不会生锈呢？这有赖于它的"脸皮"，不厚但很实。

两面派之二：氧化铝

金属铝的表面有一层致密的氧化物，能阻止铝进一步被氧化，这层保护膜就是氧化铝。

氧化铝跟酸反应是理所当然的。

4 两面派

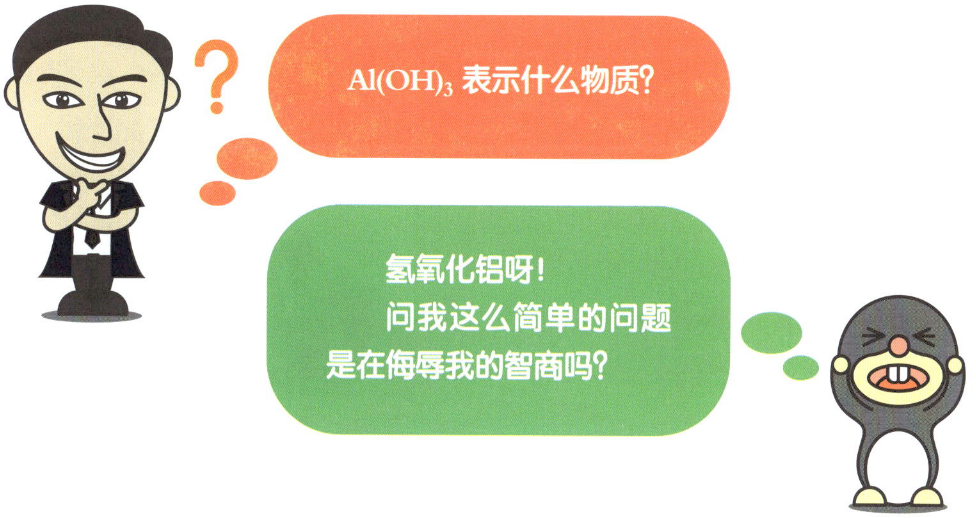

Al(OH)₃ 表示什么物质？

氢氧化铝呀！
问我这么简单的问题是在侮辱我的智商吗？

H₃AlO₃ 表示什么物质？

？？？

法国皇帝拿破仑三世为显示自己的富有和尊贵，命令官员给自己制造了一顶比黄金更名贵的王冠——铝王冠。他戴上铝王冠，神气十足地接受百官的朝拜，这曾经是轰动一时的新闻。拿破仑三世在举行盛大宴会时，只有他使用一套铝质餐具，而其他人只能用金制、银制餐具。当时即使在化学界，铝也是被看成最贵重的，英国皇家学会为了表彰门捷列夫对化学做出的杰出贡献，不惜花重金制作了一只铝杯，赠送给门捷列夫。

1886年，在铝家族的历史上又是一个里程碑。这一年，一位美国的大学生霍尔采用电解氧化铝的方法制取铝，因为氧化铝熔点很高，能到2000℃以上，电解时首先要把它熔化，这就需要消耗大量的能量，这正是当时制取铝成本很高的原因之一。霍尔设想往氧化铝中添加其他物质以降低它的熔点。经过多次试验，终于发现冰晶石可以降低氧化铝的熔点，可以使电解温度降低近1000℃，大大降低了金属铝的生产成本，为金属铝的广阔应用打开了大门。如今铝早已进入平常百姓家，再也不是财富与高贵的象征了。

查尔斯·马丁·霍尔

铝虽然由"贵族"变成"平民"，但对全人类的贡献反而更大了。

3 没落的贵族

我们家族在地壳中的含量比铁还高，是含量最高的金属。但我们为世人所知的时间却比铁要迟几千年，因为我们很难被还原出来。德国化学家维勒前后共用了18年时间，在1849年仅制得一颗黄豆大的铝。

弗里德里希·维勒

1854年，法国化学家德维尔改进维勒的方法，用钠做还原剂，成功地制得块状的金属铝。但由于钠价格昂贵，用钠作还原剂生产铝的成本比黄金还高，故当时铝被称为"银色的金子"。

圣克莱尔·德维尔

古代炼钢法生产效率低，产品质量差。但只要把炉子温度提高到 200~300℃，就能够完全在液态下冶炼钢，使炼钢由古代冶炼转化为现代生产。

从化学角度讲，炼钢过程可分为两个步骤：

(1) 降碳除硫磷。在电炉中往高温的铁水吹入纯净的氧气，使碳、硫、磷、硅等杂质氧化。

(2) 脱氧调硅锰。在上一步骤中，部分铁被氧化成 FeO，钢水中含有氧气，所以要脱氧。在钢包精炼炉中往钢水中吹入惰性气体除氧，同时加入单质硅、锰，既可以把 FeO 还原为铁，又可以调整碳、硅、锰的含量，增加钢的硬度，提高耐腐蚀性以生产不同类型的钢材。

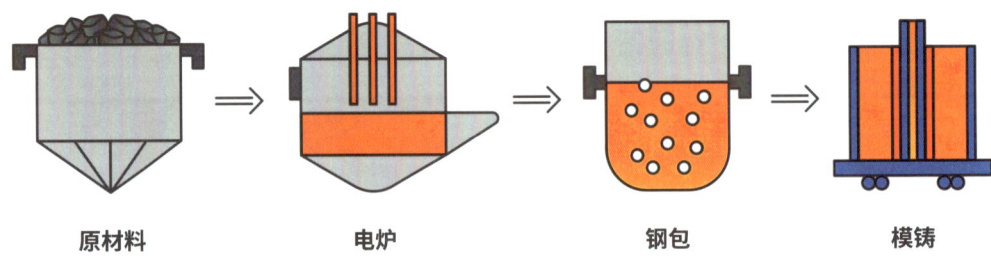

原材料　　　　电炉　　　　钢包　　　　模铸

由铁矿石变成最终的钢，经历了反反复复的氧化还原反应呢！

这就是化学的魅力。

从矿石中还原出来的铁称为生铁，生铁含有较多杂质如碳、硫、磷、硅等元素。由于含碳量高，生铁硬而脆，几乎没有塑性。钢就是含碳量低的铁，钢不仅有良好的塑性，而且钢制品具有强度高、韧性好、耐高温、耐腐蚀、易加工、抗冲击、易提炼等优良物化应用性能，因此被广泛利用。将生铁炼成钢，实质就是降低碳含量的过程。

古代炼钢有多种方法，其中一种叫炒钢，实质是炒铁。把生铁加热到液态或半液态，搅拌，使碳、硫、磷、硅等元素氧化，让含碳量降低到适当范围。我们常听说的"打铁"就是将铁反复加热后进行折叠锻打，目的是使钢的组织致密、钢体的成分更加均匀，减少杂质，从而提高钢的质量。这就是所谓的"百炼成钢"。

以前我还真不知道民间炼铁时为什么要用力捶打烧红的铁。

还得从炼铁说起,炼铁的原料是铁矿石(含 SiO_2 等)、木炭、石灰石。

1. 还原剂的生成

$$C + O_2 \xrightarrow{\text{高温}} CO_2$$

$$C + CO_2 \xrightarrow{\text{高温}} 2CO$$

2. 还原出铁

$$Fe_2O_3 + 3CO \xrightarrow{\text{高温}} 2Fe + 3CO_2$$

3. 造渣

$$CaCO_3 + SiO_2 \xrightarrow{\text{高温}} CaSiO_3 + CO_2 \uparrow$$

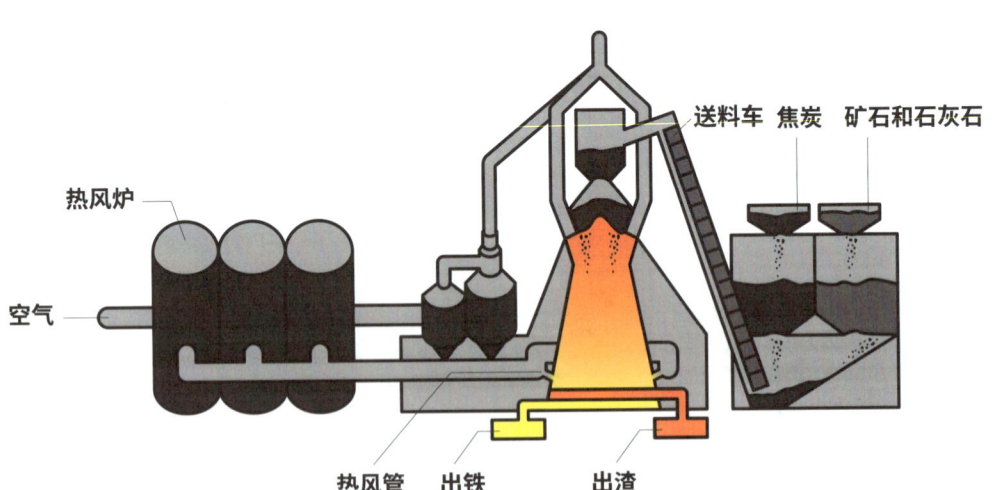

2 钢铁是怎样炼成的？

钢是在烈火里煅烧、高度冷却中炼成的，因此它很坚固。我们这一代人也是在斗争中和艰苦考验中锻炼出来的，并且学会了在生活中从不灰心丧气。

——尼古拉·阿历克塞耶维奇·奥斯特洛夫斯基

"黄色房子(Fe^{3+})里有一条金属暗道可以下二楼的浅绿色房子(Fe^{3+})。

$$2FeCl_3 + Fe = 3FeCl_2$$

$$2FeCl_3 + Cu = 2FeCl_2 + CuCl_2$$

"我变回了Fe_2O_3,我待在红房子(Fe_2O_3)里,我本来就在这里,我不想下楼去,我怕遇上CO,我不想重蹈覆辙被还原为铁。我因为红色而被称为铁红,在矿石界被称为赤铁矿。而塔楼的黑屋(Fe_3O_4)是有磁性的,被称为磁铁矿,遇到CO也能被还原为铁。"

原来红房子(Fe_2O_3)是单质铁的出生地,也是铁元素的最好归宿。从这个角度可以理解为什么在不受干扰的情况下,单质铁能自发地氧化为三价铁。

给你一根铁钉,如何用最快的方法变成氧化铁,帮铁汉子尽快找到家?

有很多途径,关键是要看有什么条件。

"只有二楼的白色房子 [$Fe(OH)_2$] 和三楼的红褐色房子 [$Fe(OH)_3$] 是不能直接进入的。其实无论我选择住城堡里的哪一个房子,都必须上楼梯,会失去体能,也就是失去电子升高化合价。

"如果让我带你游览铁城堡,我喜欢的路线是这样的:

"先上二楼,由黑房子 (FeO) 开始,遇酸到浅绿色房子 (Fe^{2+}),再遇碱到白色房子 [$Fe(OH)_2$]。你知道,在二楼三个房间来回走不需要爬楼梯,因此不需要失去电子,化合价不变。

$$FeO + 2H^+ = Fe^{2+} + H_2O$$

$$Fe^{2+} + 2OH^- = Fe(OH)_2 \downarrow$$

$$Fe(OH)_2 + 2H^+ = Fe^{2+} + 2H_2O$$

$$Fe(OH)_2 \xrightarrow{\triangle} FeO + H_2O$$

"在白色房子 [$Fe(OH)_2$] 里不宜久留,这里有一个会变色的楼梯可以上三楼的红褐色房子 [$Fe(OH)_3$]。(变色过程:白色➙灰色➙灰绿色➙墨绿色➙黄色➙红色➙红褐色)

$$4Fe(OH)_2 + 2H_2O + O_2 = 4Fe(OH)_3$$

"由红褐色房子 [$Fe(OH)_3$] 遇酸可以走到黄色房子 (Fe^{3+}),也可以直接走到红房子 (Fe_2O_3)。在三楼的三个房间来回走不需要失去电子,化合价不变。

$$Fe(OH)_3 + 3H^+ = Fe^{3+} + 3H_2O$$

$$2Fe(OH)_3 \xrightarrow{\triangle} Fe_2O_3 + 3H_2O$$

$$Fe_2O_3 + 6H^+ = 2Fe^{3+} + 3H_2O$$

$$Fe^{3+} + 3OH^- = Fe(OH)_3 \downarrow$$

"1. 上三楼我出生的红房子 (Fe_2O_3)，我得在常温下潮湿的空气中缓慢氧化，即生锈，这需要时间。想象一下如果你要长时间爬潮湿温热的楼梯，一定不会好受。

"2. 上二楼的黑房子 (FeO)，我得在高温下的纯氧中反应变成 FeO，纯氧啊！太破费了！没钱！

$$2Fe + O_2 \xrightarrow{\text{高温}} 2FeO$$

"3. 要不挑战一下旁边的塔楼，有点诡异的黑屋 (Fe_3O_4)。它特别的地方是处在二楼和三楼之间，因为 Fe_3O_4 中铁的化合价既有 +2 价又有 +3 价。我得在氧气中燃烧，火花四射；或与高温水蒸气反应才能变成 Fe_3O_4。

$$3Fe + 2O_2 \xrightarrow{\text{点燃}} Fe_3O_4$$

$$3Fe + 4H_2O \xrightarrow{\text{高温}} Fe_3O_4 + 4H_2$$

"4. 二楼的浅绿色房子 (Fe^{2+}) 应该不错吧！我只需要与弱氧化剂反应就可以了，例如在盐酸等非氧化性酸中变成亚铁溶液。但是住进去容易，待在里面可不安稳。因为亚铁溶液极不稳定，易被氧气、氯气、硝酸等氧化剂氧化，太冒险了。

$$Fe + 2HCl = FeCl_2 + H_2 \uparrow$$

$$2FeCl_2 + Cl_2 = 2FeCl_3$$

"5. 其实可以直接上三楼的黄色房子 (Fe^{3+})，我得走在充满氯气或强氧化性酸的楼梯中变成三价铁溶液，这条路最凶险。

$$2Fe + 3Cl_2 \xrightarrow{\text{高温}} 2FeCl_3$$

$$Fe + 4HNO_3 = Fe(NO_3)_3 + NO \uparrow + 2H_2O$$

我就像被一氧化碳夺去家庭的流浪儿，我们散落在世界的各个角落已经几千年了。作为单质铁，我被制成各种生活生产工具，为人类文明的进步做出了巨大贡献。但我也被制成了各种武器，从冷兵器时代开始，我被投入到人类历史上的各种战争中。我一生的夙愿就是被氧化重回到我出生的城堡。站在城堡面前，望着缤纷色彩的房间，我应该住哪间房呢？

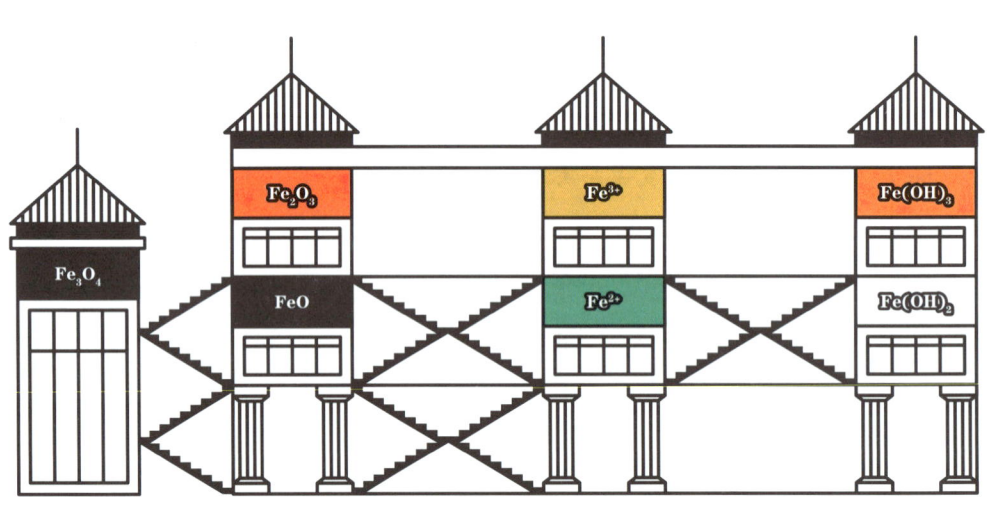

下面请让我来为你介绍铁城堡。

缤纷铁城堡

　　古代文明先后经历石器时代、青铜器时代、铁器时代。青铜就是提炼出来的非常粗糙的铜，因为早期人类提炼铜的技术不高。随着冶炼技术的进步，比青铜器更坚硬的铁器诞生，从此青铜器的时代拉下帷幕，铁器时代开始。之后几千年里铁器一直作为人们的生产工具，无可替代。到了18世纪工业革命时，人类已能大量生产钢铁，钢铁成为那个时代一个国家和地区工业实力的标志，标志性建筑有英国伦敦的塔桥、法国巴黎的埃菲尔铁塔、美国旧金山的海峡大桥等。现代经济学把钢产量作为衡量各国经济实力的一项重要指标，我国钢产量已经多年位居世界第一。

　　单质铁是银白色的。除了来自天外的陨石，地球表层几乎不存在单质铁。4000多年前，人类从铁的化合物中还原出单质铁。

$$Fe_2O_3 + 3CO \xlongequal{\text{高温}} 2Fe + 3CO_2$$

　　铁元素主要有三种化合价，因此铁的化合物种类繁多、性质多样、色彩缤纷。我们可以把铁的化合物比喻为一个城堡，它由二楼的+2价铁化合物、三楼的+3价铁化合物及特殊的四氧化三铁组成。

让我们一起参观铁城堡吧！

第三章
CHAPTER THREE

金氏家族

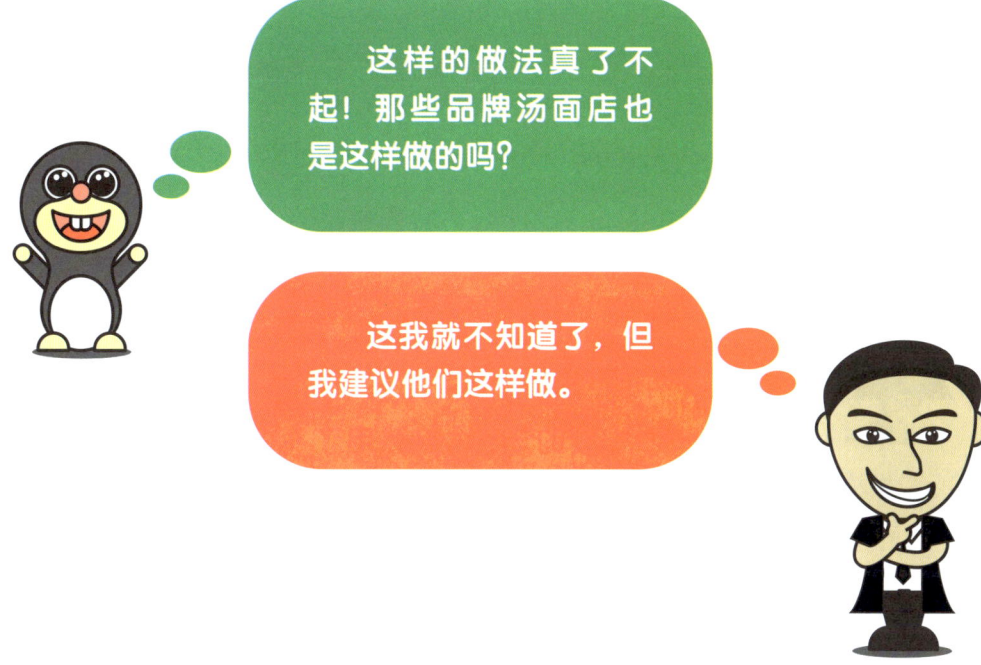

在化学实验中，我们也可以用同样的方法来配制溶液。如称取 58.5 g 的 NaCl 固体，即 1 mol NaCl，就相当于 1 包汤料。选取 1 个有一定容积且有刻度线的容器，如 500 mL(0.5 L) 容量瓶。将 NaCl 固体用适量水在烧杯中溶解后转入容量瓶（洗涤烧杯和玻璃棒），最后用胶头滴管加水至刻度线，配成总体积为 0.5 L 的溶液，则该溶液的浓度为

$$浓度\ (c) = \frac{溶质物质的量\ 1\ mol}{溶液的体积\ (0.5\ L)} = 2\ mol/L$$

也就是说每升该 NaCl 溶液里含有 2 mol 的 NaCl，这种能表示一定体积溶液里所含有溶质的物质的量的新物理量，称为**物质的量浓度**。

我的汤有 10 升,用了 2 包汤料,相当于 2 包 / 10 升 = 0.2 包 / 升,也就是每升汤含有 0.2 包汤料。

我的汤有 5 升,用了 1 包汤料,相当于 1 包 /5 升 =0.2 包 / 升,也是每升汤含有 0.2 包汤料。

我俩做的汤的浓度是一样的,都是 0.2 包 / 升。

$$\frac{1 \text{ 包汤料}}{5 \text{ 升汤}} = \frac{2 \text{ 包汤料}}{10 \text{ 升汤}} = 0.2 \text{ 包} / \text{升}$$

$$\text{汤的浓度}(c) = \frac{\text{汤料包数}(n)}{\text{汤的体积}(V)}$$

所以,在统一汤的浓度 c 的前提下,各分店可根据自己店里锅的大小来确定使用的汤包数,即

$$\text{汤料包数}(n) = \text{汤的浓度}(c) \times \text{汤的体积}(V)$$

在调配时,应该注意先加水接近锅的最大刻度线,然后边煮边加水直至煮沸时汤的液面到达刻度线。在这种做法中,由始至终不需要关注到底要加多少水。

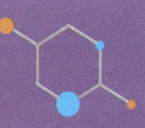

做法三：用一种新的方法来调配

我用 2 包汤料放入汤锅，加入水，但水面低于 10 升刻度处，一边加水一边煮，直至煮好时液面刚好在刻度处，做成了 10 升汤。

优优用 1 包汤料放入它那 5 升的锅中用同样的方法来做汤，做出了 5 升汤。

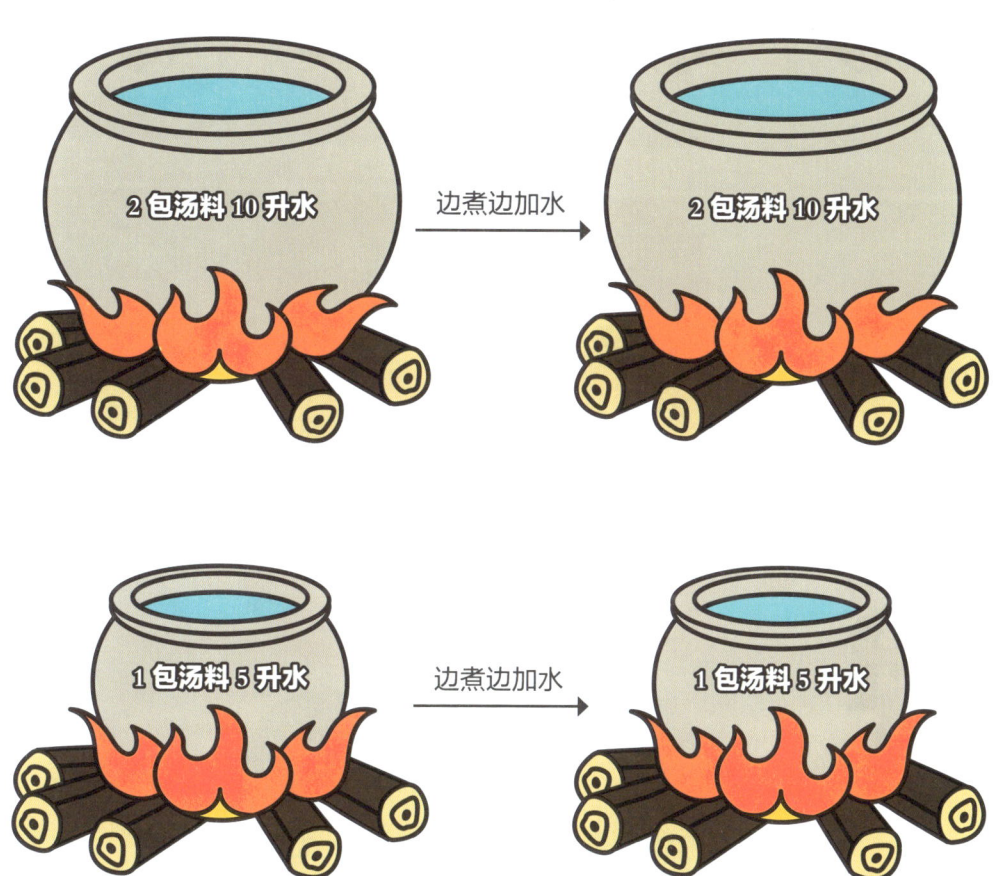

现在可以确定，我做的汤的总体积是优优所做的 2 倍，而用的汤料量也是优优的 2 倍，则两种汤的味道一定是一模一样的，大家不会有疑问吧？

虽然我用水的质量是你的2倍，在加入汤包煮沸后，做成的汤的体积也一定是你的2倍吗？汤的味道是一样的吗？请注意，我们喝汤时是按体积来量取的，不是按质量称取的。

如果不能保证汤的体积与汤包数成正比，味道就有差别。

做法二：利用溶质质量分数的原理来调配

还是按 500 克汤料兑 5 升水来做，5 升水约为 5000 克，即溶质为 500 克，溶剂为 5000 克。

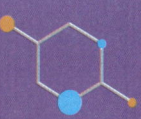

$$溶质质量分数 = \frac{溶质质量}{溶质质量 + 溶剂质量} = \frac{500\ 克}{500\ 克 + 5000\ 克}$$

因为当溶质质量分数一定时，溶质质量与溶剂质量成正比，所以

$$\frac{500\ 克汤料}{5000\ 克水} = \frac{1000\ 克汤料}{10000\ 克水}$$

> 我用 2 包汤料共 1000 克，需要水的质量为 10000 克。

> 我用 1 包汤料即 500 克，需要水的质量为 5000 克。

> 下面我们需要称量水的质量，这有点麻烦。因为对于液体，我们一般量它的体积，很少称它的质量。

> 这个方案可行性较差。

做法一：利用料水比来调配

汤料包 500 克 / 包，按每包兑 5 升水来调配。

我的大锅容量为 10 升，需要 2 包汤料。

我的小锅容量为 5 升，需要 1 包汤料。

汤烧开后，我做的汤的总体积是优优你做的 2 倍吗？

我觉得不能保证。

6 舌尖上的浓度

听说某品牌汤面店对顾客承诺无论在哪一家分店都能吃到一模一样的味道,他们是如何做到的呢?

必须使用统一配送的汤包,统一汤包与水的比例。

下面我们来用大小不同的锅煮汤,看能不能煮出味道一样的汤。

如果把芝麻、绿豆和巧克力分别装入盒子里,每一格放入 1 颗,因为每格的距离是相同的,不管它们本身的大小如何,它们所占有的体积都是相同的,即一盒那么大。

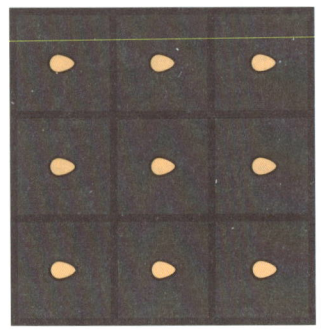
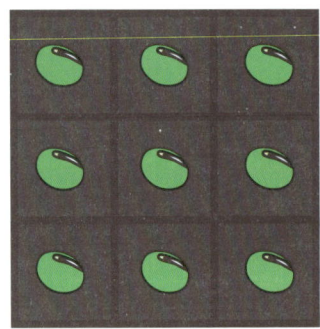
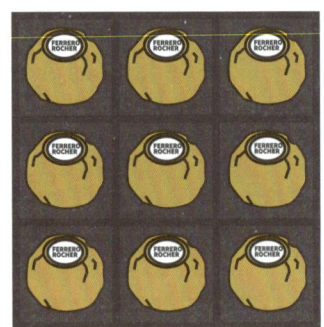

气体分子之间的距离很大,它决定了气体体积的大小,而不是由气体分子本身的大小来决定的。科学证明,在相同温度和相同压强下,任何气体分子间的距离都可以看成是相等的。

原来如此!

在相同温度和相同压强下,分子数相同的任何气体都具有相同的体积。也可以说,相同体积的任何气体都含有相同数目的分子。经过实验测定,如果温度为 0℃,压强为 1.01×10^5 Pa,1 mol 任何气体所占的体积都约为 22.4 L。

下表所示不同物质的原子或分子大小对比与 1 mol 该物质的体积的关系。

项目	分子或原子的大小对比	1 mol 该物质的体积（0℃，1 个标准大气压）
Al		10 cm³
H_2O		18 cm³
H_2		22400000 cm³
O_2		22410000 cm³
CO_2		22390000 cm³

为什么在相同分子数情况下，不同分子大小的铁、铝、水的体积不同，但氢气、氧气和二氧化碳的体积大致相同？

组成固体或液体的粒子之间的距离很小，它们紧密地堆积在一起，总体积取决于粒子本身的大小，如前面的芝麻、绿豆和巧克力。

芝麻绿豆一样大

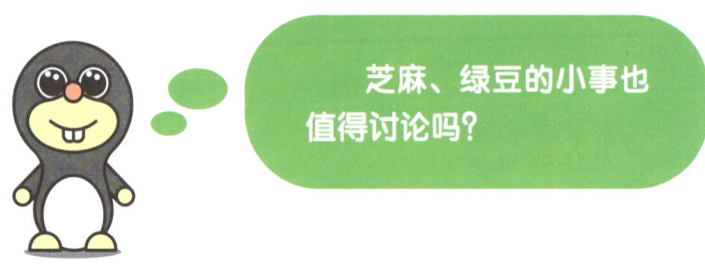

芝麻、绿豆的小事也值得讨论吗？

芝麻比绿豆小，绿豆又比巧克力小，所以数量相等的三种物质所占体积大小分明。从微观角度看，物质的体积取决于粒子数目和粒子的大小，在粒子数相同的情况下，物质的体积只取决于粒子本身的大小。

9 粒芝麻　　　　9 颗绿豆　　　　9 颗巧克力

为什么不是
2/7 打耳朵，
1/7 打猪头，
4/7 打猪脚？

明白了，
1 mol H_2SO_4 中含有
H 原子：1 mol × 2 = 2 mol
S 原子：1 mol × 1 = 1 mol
O 原子：1 mol × 4 = 4 mol

物质的量是国际单位制中 7 个基本物理量之一，它在化学计算中处于核心地位。

国际单位制 (SI) 的 7 个基本单位

物理量	单位名称	单位符号
长度	米	m
质量	千克（公斤）	kg
时间	秒	s
电流	安〔培〕	A
热力学温度	开〔尔文〕	K
物质的量	摩〔尔〕	mol
发光强度	坎〔德拉〕	cd

将一头猪比喻为 1 个 H_2SO_4 分子，猪耳朵就是 H 原子，猪头就是 S 原子，猪脚就是 O 原子。

这是因为相对原子质量用 ^{12}C 来参照，而摩尔的定义也用 ^{12}C 来参照。把 1mol 某物质具有的质量称为该物质的摩尔质量，符号为 M。则质量与物质的量关系是 $n=m/M$。

物质的量像桥梁，把粒子数和质量联系起来。

1 摩尔 H_2SO_4 中有多少摩尔 H 原子？多少摩尔 S 原子？多少摩尔 O 原子？

2/7 摩尔 H 原子，
1/7 摩尔 S 原子，
4/7 摩尔 O 原子。

1 mol C 是 12 克；
1 mol C 是 6.02×10^{23} 个 C 原子。

摩尔是用来表示粒子数集体的，因粒子数而诞生。

1 mol C 原子的质量为 12 克。
怎么知道 1 mol O 原子的质量为多少克？
1 mol O_2 的质量为多少克？
1 mol H_2O 的质量为多少克？
1 mol NaOH 的质量为多少克？

1 mol 任何粒子或物质的质量在数值上等于该粒子或物质的相对原子质量（或相对分子质量）。

1 mol C 原子的质量为 12 克；
1 mol O 原子的质量为 16 克；
1 mol O_2 的质量为 32 克；
1 mol H_2O 的质量为 18 克；
1 mol NaOH 的质量为 40 克。
怎么会这么巧？

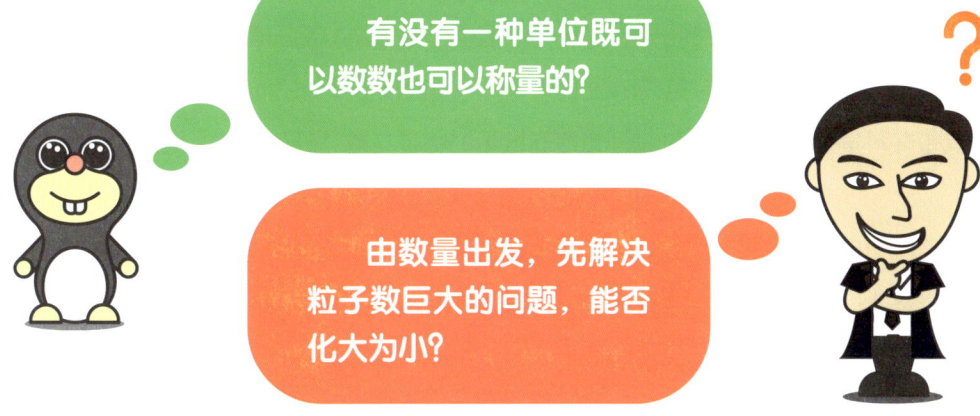

有没有一种单位既可以数数也可以称量的?

由数量出发,先解决粒子数巨大的问题,能否化大为小?

生活中将 12 个作为 1 个集体定为"1 打"。化学上将 6.02×10^{23} 个看成 1 个整体,称为 1 摩尔 (mole),写作 1 mol。"摩尔"就像是化学界的"打",只是"1 摩尔"代表的 6.02×10^{23},比"1 打"代表的 12 要大得多。

为什么确定 1 mol 为 6.02×10^{23}?为什么不方便点,把 1 mol 定为 1×10^{10}?

国际上规定将 12 克 ^{12}C 单质中所含的原子数集体定为"1 mol",即 1 mol 约为 6.02×10^{23} 个。这个数称为"阿伏加德罗常数",用 N_A 表示。

12 克 ^{12}C = 6.02×10^{23} 个 C 原子

宏观 12 克 ^{12}C = 1 mol = 微观 N_A 个

衡量物质的多少最好用数量还是用质量呢？假设你从网上购买了两箱各重2.5千克的苹果，收到货后你发现有一箱有25个，但个个都很小；另一箱只有10个，个个都很大，1个人都吃不完。可见只用数量或者只用质量来衡量物质的多少都是有缺陷的。尤其是在科学研究中需要一种物理量既有数量的特征又有"质量保证"。

让我们来想象一下，茫茫大海中有两座孤岛，一座叫质量岛，另一座叫粒子数岛。在质量岛上有一只臭鼬，它常用硫酸铵和石灰给作物施肥，它发现如果称取1.32千克的硫酸铵与0.74千克的熟石灰混合后施用，肥料将完全失效。

$$(NH_4)_2SO_4 + Ca(OH)_2 = CaSO_4 + 2NH_3\uparrow + 2H_2O$$

$$\quad\quad 132 \quad\quad\quad 74$$

究其原因，硫酸铵与熟石灰反应时，它们的分子数比为1∶1，刚好完全反应，只是用质量比132∶74根本不易察觉出来。

化学反应在本质上是原子的重新组合，即反应物分子和产物分子的个数有确定的关系，而质量关系只是数量关系的反映，前者是因，后者是果。但直接用粒子个数作单位好吗？宏观物质的粒子数太巨大了，表示起来不方便，而且不贴近生活生产实际，生活生产中的物质通常靠称量而不是数数。

摩尔是什么?

如果你上过高中,即使毕业了很多年,可能连化学老师的名字都忘了,但你一定还记得摩尔。然而很多同学却说不出摩尔具体是什么?

我是摩尔,很抱歉!如果你觉得我的名字很难听,我没意见,我也是这样认为的。因为这一名字,人们对我产生了很多误会,有人以为这是一个科学家的名字,有人把我和犹太先知摩西混淆,有些粗心的家伙甚至把我写成了魔鬼的"魔"……我是谁?我为什么要来到这个世上?我活着的意义是什么?

摩尔是什么?
能不能换别的词?
例如汤姆或杰克?

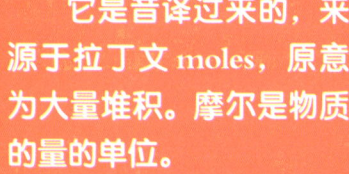

它是音译过来的,来源于拉丁文 moles,原意为大量堆积。摩尔是物质的量的单位。

你是说质量还是数量?

$$2HClO == 2HCl + O_2 \uparrow$$

"于是人们利用这一性质把我应用于自来水消毒。我溶于水后得到的氯水是一种混合物,既存在部分氯分子,也存在次氯酸,还有盐酸。

"后来人们发现把我通入碱溶液中能把我的魔性全部杀死,让我回归到原来的我——氯离子,另外生成次氯酸盐。氯化物和次氯酸盐这种混合物可作为漂白粉或漂白液,用来漂白物品或杀菌、消毒,而且比次氯酸更稳定,易存放。

$$2Cl_2 + 2Ca(OH)_2 == Ca(ClO)_2 + CaCl_2 + 2H_2O$$

漂白粉

$$Cl_2 + 2NaOH == NaClO + NaCl + H_2O$$

漂白液

"家用的"84"消毒液就是漂白液,千万不要把它与"洁厕灵"(主要成分为盐酸)混合使用,否则就相当于在家里制造化学武器。"

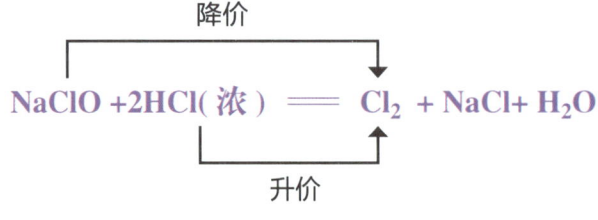

$$NaClO + 2HCl(浓) == Cl_2 + NaCl + H_2O$$
(降价 / 升价)

钠和氯气就像灵珠和魔丸,跟"吃"没有一点关系,但它们结合形成的氯化钠却是我们每天所需营养物质之一。

氯的化合物广泛应用于农药、医药、电子、化工、环境、建筑等方面,现代人类的生活离不开它。

3 "我"好毒

"我的前世是氯离子,我是钠离子最好的朋友,我们氯化钠组合自远古时期开始便主宰了海洋界。我们的友情如此坚固,得益于我们原子稳固的安保防线。我比钠离子多一层防线,相当于在钠离子的外围增加一层,形成了由里往外依次为2,8,8三层的超级防御体系。然而,1774年瑞典化学家舍勒使用化学方法夺去了我外层的1个电子,从此我"走火入魔"变成了氯气。

"我就像是一个绿色的幽灵,我不能控制自己,还会像吸血鬼一样要从其他原子身上抢夺电子。我所到之处,万物惨白失色,生灵涂炭。在第一次世界大战中,我被人类投入了战场,直接参与了一场空前的屠杀,造成了人类史上第一次大规模的化学战。

"我能从绝大多数物质身上吸取电子,所以钠、镁、铝、铁、铜等金属都能在我这里剧烈燃烧,生成高价态金属化合物。

$$3Cl_2 + 2Fe \xrightarrow{\triangle} 2FeCl_3$$

"不但金属,某些非金属和有机物都未能幸免。许多年来人类想了很多办法来降服我,以便让我为生产生活服务。最初人们发现把我通到水中可以大大降低我的毒性,我和其他的氯气分子溶于水中会自相残杀,发生自身的氧化还原反应生成盐酸和次氯酸。

$$\overset{0}{Cl_2} + H_2O = \overset{-1}{H}Cl + \overset{+1}{H}ClO$$

得到 $1e^-$ / 失去 $1e^-$

"次氯酸是一个黑暗的幽灵,它怕见光,躲在暗处,对着路过的生物放冷枪,从它身上发射出的氧化性极强的氧原子能把微细的生物杀死。

从某种角度上看，只要是能给出 H^+ 的物质就是酸，我们大胆假设把 $NaHCO_3$ 和水都当成是酸，而每一种酸生成的盐就是该酸分子失去一个 H^+ 后与阳离子结合的产物。酸性越弱，丢掉了 H^+ 后酸性更弱，即碱性越强。根据强酸制弱酸的规律，较强酸能与较弱酸的盐反应生成较弱酸和较强酸的盐。如下图所示：

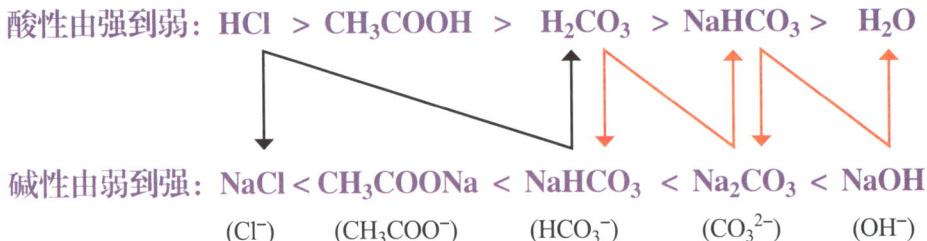

以上每一组箭头代表每一个反应，这些反应都是排前的较强酸与排后的较弱酸的盐反应生成较弱酸和较强酸的盐，前后差得越大越容易反应，如：

$$HCl + NaOH = NaCl + H_2O。$$

由上图可得出一些 Na_2CO_3 和 $NaHCO_3$ 性质的相关信息：

(1) 碱性：$NaOH > Na_2CO_3 > NaHCO_3$。

(2) $NaHCO_3$ 能与 $NaOH$ 反应，而 Na_2CO_3 不行；$NaHCO_3$ 也能跟酸反应，所以 HCO_3^- 不能与 OH^- 大量共存，也不能与 H^+（比碳酸更强的酸）大量共存。

$$NaHCO_3 + NaOH = H_2O + Na_2CO_3$$

$$HCl + NaHCO_3 = NaCl + H_2O + CO_2\uparrow$$

(3) CO_2 能与 Na_2CO_3 溶液反应，而与 $NaHCO_3$ 不反应。

$$CO_2 + H_2O + Na_2CO_3 = 2NaHCO_3$$

(4) HCl 与 Na_2CO_3 溶液反应分两步进行：

$$2HCl + Na_2CO_3 = 2NaHCO_3 + NaCl（第一步）$$

$$HCl + NaHCO_3 = NaCl + H_2O + CO_2\uparrow（第二步）$$

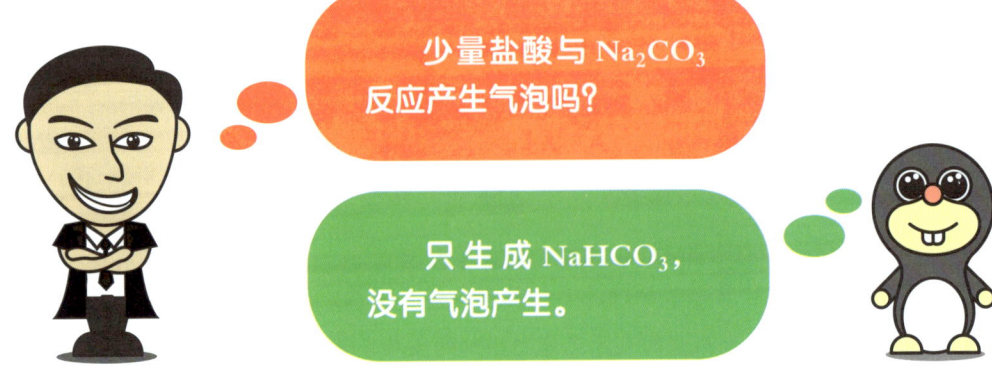

Na₂CO₃ 俗称纯碱，相对分子质量为 106，是大哥；而 NaHCO₃ 相对分子质量为 84，是名副其实的小弟，俗称小苏打。下面来比较兄弟俩的能力。

项目	碳酸钠	碳酸氢钠
化学式	Na₂CO₃	NaHCO₃
相对分子质量	106	84
俗名	纯碱	小苏打
溶解度 (g/100g 水)	约 20	约 10
饱和溶液的 pH 值	约 10	约 8
分解温度 /℃	约 1800	约 80
等质量时，跟酸反应耗酸量	较大	较小
相同条件下，与酸反应的速率	较慢	较快

由上表可知，哥哥的本领总是比弟弟大，哥哥责任大，在跟酸反应时任务重，完成任务时间长（较慢）。因为 Na₂CO₃ 与酸的反应分两步进行，而 NaHCO₃ 一步即可完成。

下面我们利用强酸制弱酸的规律深入学习 Na₂CO₃ 和 NaHCO₃ 的性质。

钠家族的另一对兄弟是 Na_2CO_3 和 $NaHCO_3$，它们的外貌和性格都十分相似，如果不仔细区分，确实难以确定谁才是老大。

纯碱不就是碱吗？为什么有个"纯"字？

早期人们使用的 Na_2CO_3 来自于矿物，纯度不高。后来通过人工制造出来的 Na_2CO_3 纯度大大提高，于是人们就用"纯碱"来区别于矿物碱。

在制作面食、糕点、面包时为什么要加入纯碱？

面团在发酵过程中会产生酸，常加入 Na_2CO_3 中和，同时产生的 CO_2 可令面团变松软，增加口感。

在烘焙面包中加入的膨松剂不是纯碱 Na_2CO_3，而是小苏打 $NaHCO_3$ 吧？

人们通常不区分 Na_2CO_3 和 $NaHCO_3$，笼统地都称为"纯碱"是不妥当的。

在过氧化钠与水反应后的溶液中滴几滴酚酞，溶液先变红后褪色，说明过氧化钠有漂白性。但过氧化钠不是已经反应完了吗？

过氧化钠与水反应实质是生成了双氧水，后者分解产生了氧气，而溶液中残留有未分解的双氧水。

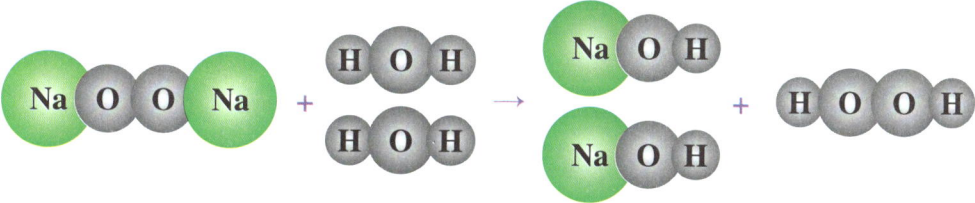

$$Na_2O_2 + 2H_2O = 2NaOH + H_2O_2$$

如果往反应后的溶液中加一点儿 MnO_2 粉末，将带火星的木条靠近试管口，将会看到木条复燃。

I. 与水反应

$$Na_2O + H_2O == 2NaOH$$

$$2Na_2O_2 + 2H_2O == 4NaOH + O_2\uparrow$$

II. 与酸性氧化物反应

$$Na_2O + CO_2 == Na_2CO_3$$

$$2Na_2O_2 + 2CO_2 == 2Na_2CO_3 + O_2$$

III. 与酸反应

$$Na_2O + 2HCl == 2NaCl + H_2O$$

$$2Na_2O_2 + 4HCl == 4NaCl + 2H_2O + O_2\uparrow$$

所以弟弟的本领哥哥也有，而且哥哥还多了一项本领，能释放氧气，表现氧化性，用于供氧、消毒、杀菌、漂白等。

上述几个反应中，过氧化钠中负一价的氧原子发生了歧化反应，既作氧化剂也作还原剂。但如果它遇到更强的氧化剂或还原剂，它只能升价或只能降价。

2 难兄难弟

Na_2O 和 Na_2O_2 是钠家族的一对兄弟,但他们的外貌及性格差别都很大。Na_2O 相对分子质量为 62,是弟弟;Na_2O_2 相对分子质量为 78,是哥哥。一般情况下,Na_2O_2 在反应中能释放出氧气,除此之外,Na_2O 和 Na_2O_2 的性质几乎一样。

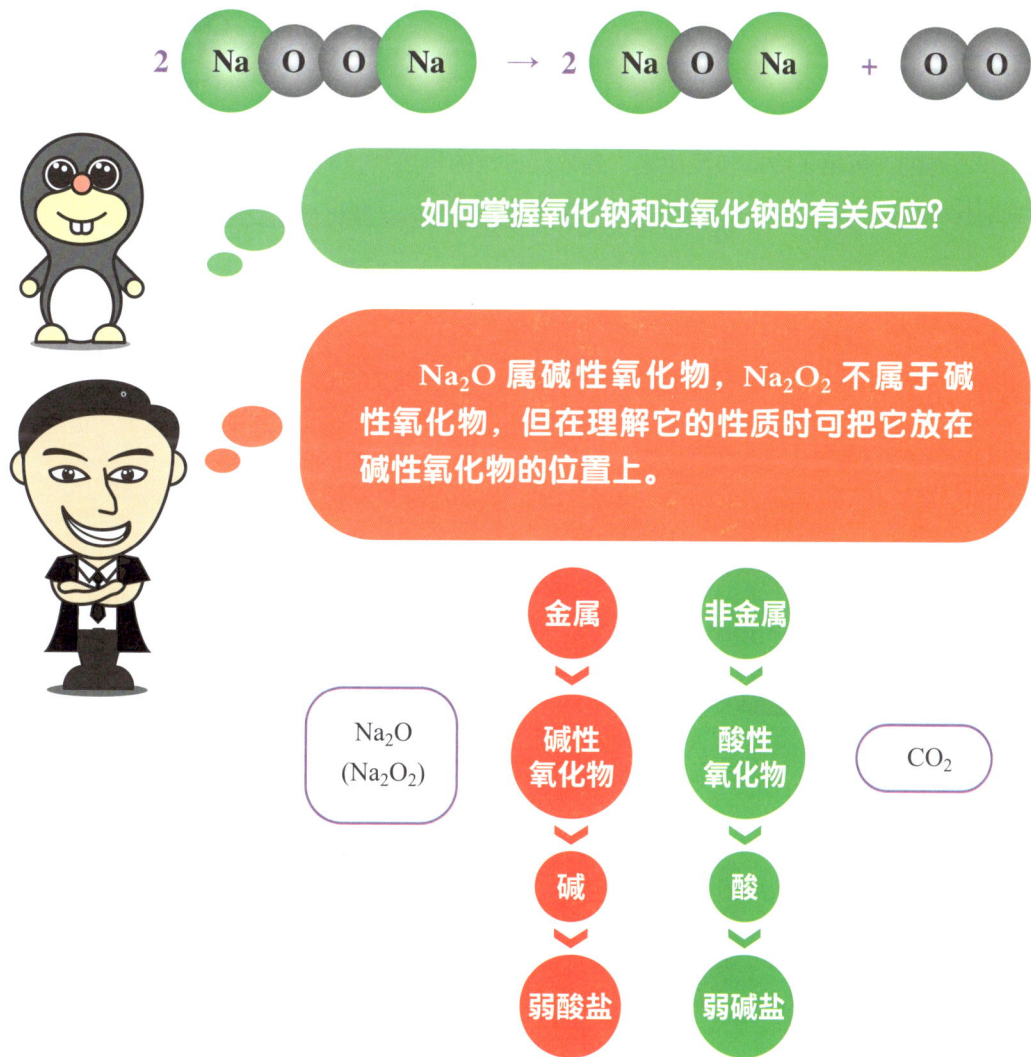

如何掌握氧化钠和过氧化钠的有关反应?

Na_2O 属碱性氧化物,Na_2O_2 不属于碱性氧化物,但在理解它的性质时可把它放在碱性氧化物的位置上。

钠在空气中点燃熔化成球，发出亮黄色火焰，最后化为淡黄色的过氧化钠。

$$2Na + O_2 \stackrel{\triangle}{=\!=\!=} Na_2O_2$$

钠投入加有酚酞的水中，将自己熔化成球像踩着风火轮在水面上奔跑、厮杀着，身体越变越小，速度却越来越快，最后声嘶力竭，满腔热血染红了水，像极了哪吒闹海吧！

钠在电能中艰难出世，却会在柔弱的水中壮烈"死"去。

$$2Na + 2H_2O =\!=\!= 2NaOH + H_2 \uparrow$$

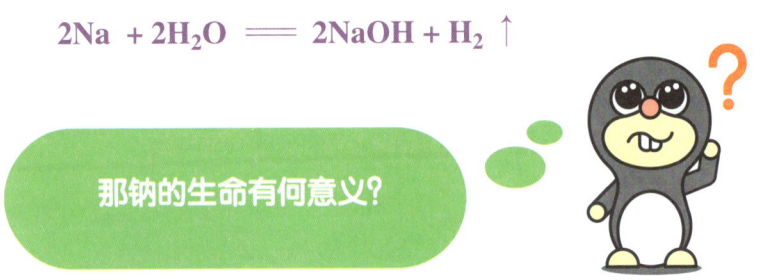

那钠的生命有何意义？

液态的钠可用于冷却核反应堆，是核反应堆的导热剂，能把反应堆产生的热量传导给蒸汽轮机。另外可利用钠的还原性，在熔融状态下与金属化合物反应制取稀有金属。

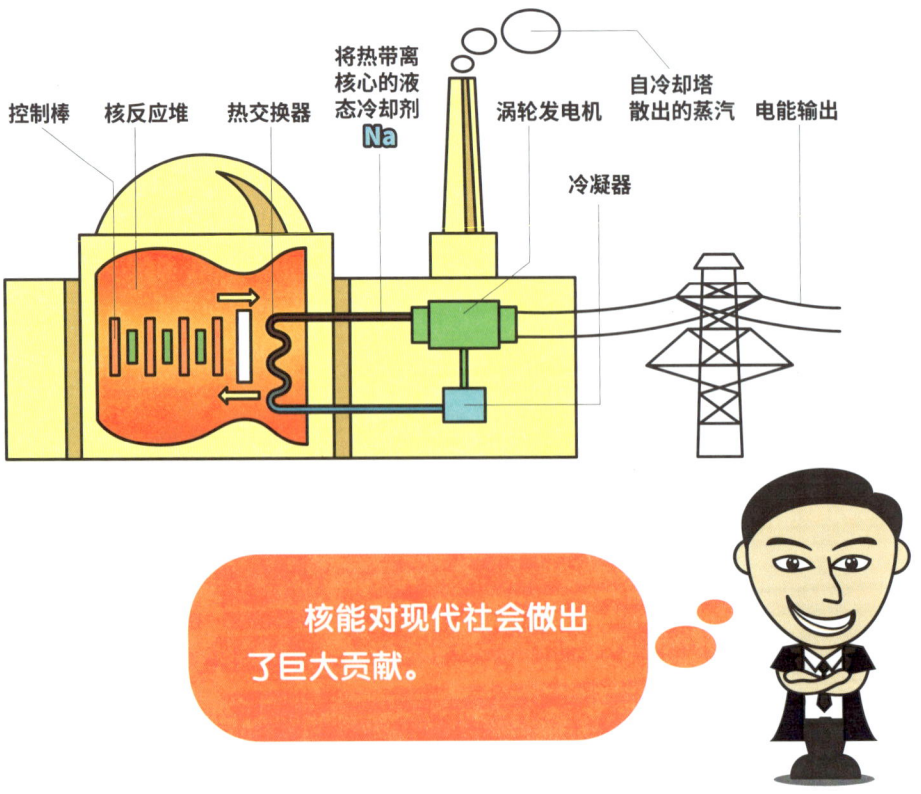

核能对现代社会做出了巨大贡献。

1 "钠"吒降世

地球诞生之时阴阳之气交合成水，单质钠与氯气结合成氯化钠，犹如天地灵气孕育出一颗能量巨大的"混元珠"，古老的海洋在地球上存在了几十亿年。原始的地球虽物质单一，却保持着阴阳平衡。直到 200 多年前科学家通过电解的方法从氯化钠中分解出金属钠和氯气，从此"灵珠"和"魔丸"脱胎降世，它们具有让人不可思议的性质。

> 我是金属钠，我已以钠离子的身份和氯离子相处了几十亿年。在自然界没有什么力量能将我们变为单质，但人们通过电能强迫我们分开，这惹怒了我们。自我出生之日起，我无时无刻不努力想重新变回钠离子，为此做了不少过分的事。

为什么金属钠的问世这么迟呢？在氯化钠中，钠离子的最外层电子数为 8，是一种非常稳定的结构，如果要变成单质钠，必须多加一层电子层且只安放一个电子，达到 2-8-1 结构，那是多么困难啊。自然界中根本没有一种物质可以做到，只能人为地通过电能强迫实现。

难得到的电子也容易失去。钠单质原子中核外第三层作为最外层却只有 1 个电子，他孤单寂寞，没有岗位责任感，是随时都会开溜的。所以必须把金属钠置于煤油液面下，一旦让它出了家门，"打砸放火""翻江倒海"也是常事，简直就是"哪吒"！

第二章
CHAPTER TWO

魔摩传奇

离子共存问题除了用阴阳相对规律来解答，还要用到氧化还原相对规律。下面所列的是高中阶段常接触到的氧化性离子和还原性离子，它们在水溶液中不能大量共存（Fe^{3+} 与 Fe^{2+} 例外）。

氧化性离子：MnO_4^-、ClO^-、ClO_3^-、IO_3^-、$Cr_2O_7^{2-}$、Fe^{3+}（H^+、NO_3^-）

还原性离子：Fe^{2+}、I^-、S^{2-}、SO_3^{2-}

我们学了两个反应规律：阴阳相合规律和氧化还原相对规律。

C 与 O_2 或 CO_2 反应不能用阴阳相对规律来解释，却可以用氧化还原相对规律来解释。

$Ca(OH)_2$ 与 Na_2CO_3 的反应属于沉淀反应，只要离子浓度足够大就可以反应，这跟上述两个规律都无关。

写陌生反应方程式时应该先分类，确认是氧化还原反应还是非氧化还原反应，有无化合价变化。

FeCl₃ 有较强氧化性，Na₂S 有较强还原性，它们之间发生氧化还原反应，书写氧化还原反应方程式时不能像以前那样简单地拆开再重组，而是要考虑谁升价，升价变成什么，谁降价，降价变成什么，也就是说要搭好双线桥，再配平化合价（双线桥），最后配平原子。

$$\overset{\text{得到 } 2e^-}{\underset{\text{失去 } 2e^-}{2\overset{+3}{Fe}Cl_3 + Na_2\overset{-2}{S} = 2\overset{+2}{Fe}Cl_2 + \overset{0}{S} + 2NaCl}}$$

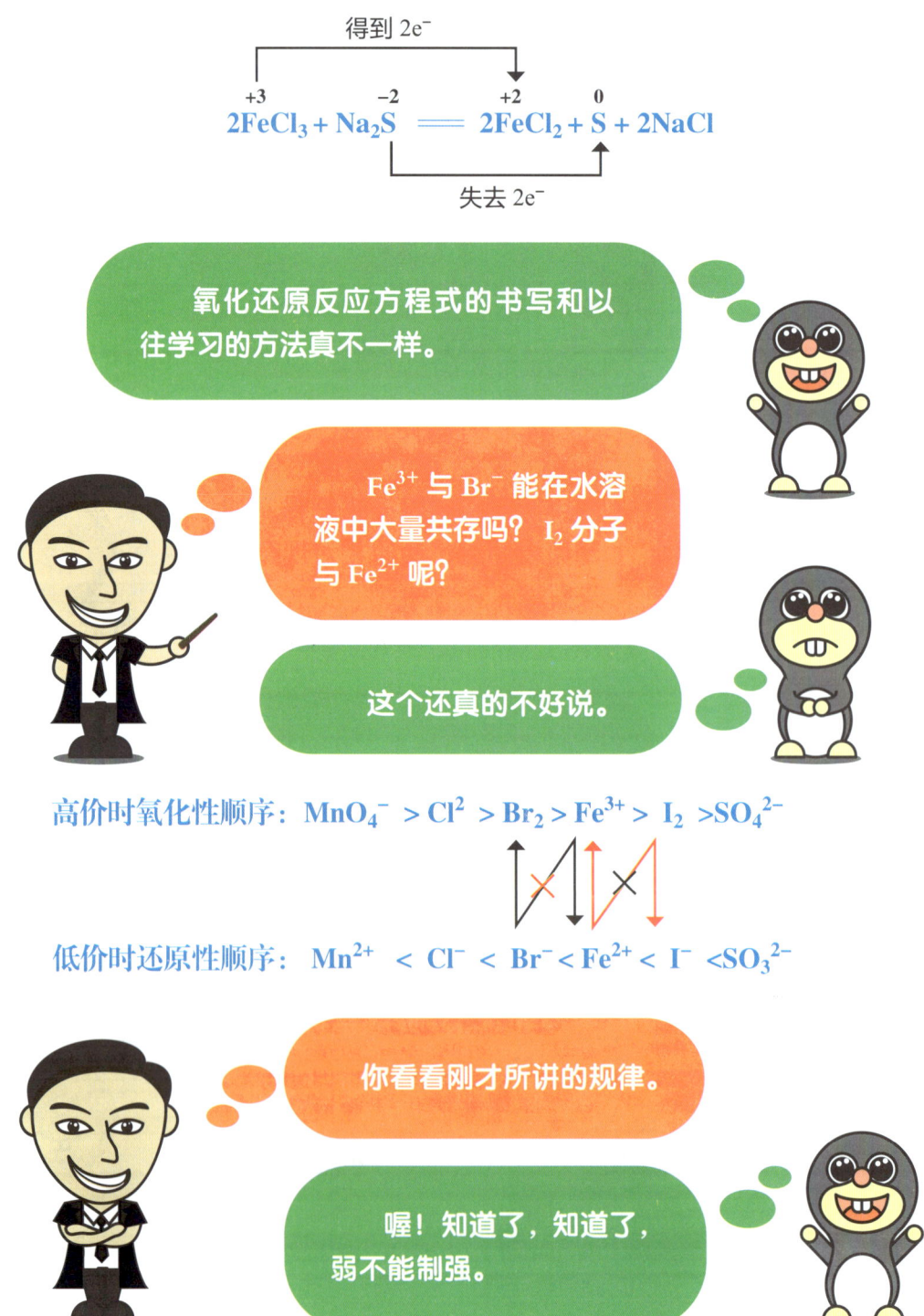

氧化还原反应方程式的书写和以往学习的方法真不一样。

Fe^{3+} 与 Br^- 能在水溶液中大量共存吗？I_2 分子与 Fe^{2+} 呢？

这个还真的不好说。

高价时氧化性顺序：$MnO_4^- > Cl_2 > Br_2 > Fe^{3+} > I_2 > SO_4^{2-}$

低价时还原性顺序：$Mn^{2+} < Cl^- < Br^- < Fe^{2+} < I^- < SO_3^{2-}$

你看看刚才所讲的规律。

喔！知道了，知道了，弱不能制强。

1. 配平化合价

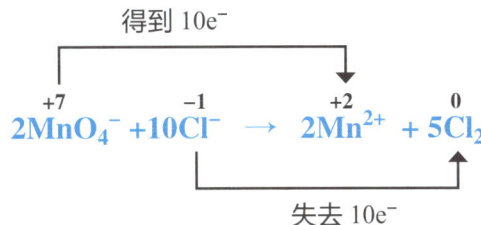

2. 配平电荷

观察方程式左边电荷总数为 12−，右边为 4+。为使两边电荷数相等，可以在左边加 16 个正电荷，即 $16H^+$，或在右边加 16 个负电荷，即 $16OH^-$。采用哪种方案要看反应环境的酸碱性，要求强酸性条件下不能加 OH^-，强碱性条件下不能加 H^+，可依据题目给出的信息或已有经验进行判断。如在酸性条件下，上述离子方程式可改为

$$2MnO_4^- + 10Cl^- + 16H^+ \longrightarrow 2Mn^{2+} + 5Cl_2$$

3. 配平 H、O 原子，补水

$$2MnO_4^- + 10Cl^- + 16H^+ =\!=\!= 2Mn^{2+} + 5Cl_2 + 8H_2O$$

有些反应在配平化合价时恰好也使电荷两边相等，就是最终的离子方程式了。

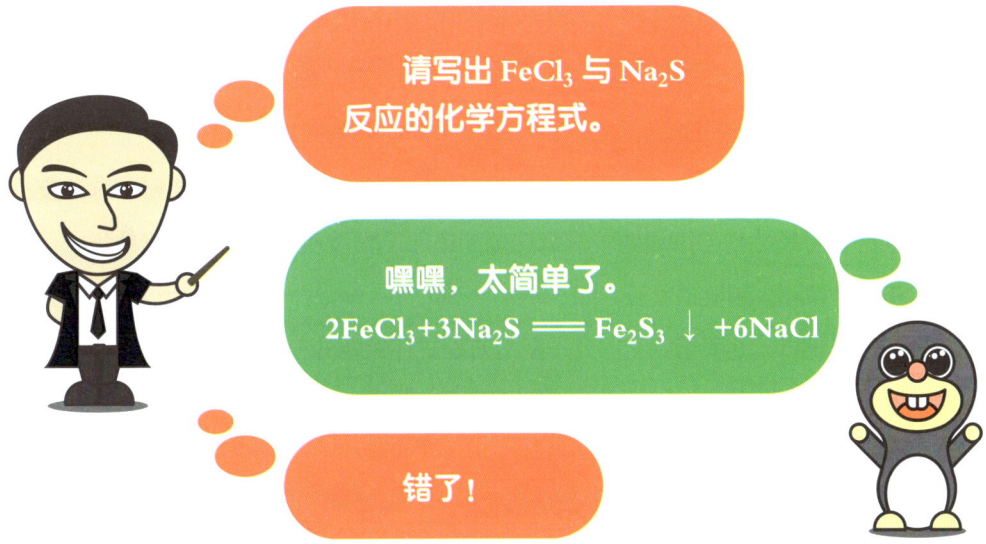

(3) 氧化剂或还原剂的身份不是"终身制"的，如果一种氧化剂遇到更强的氧化剂，那就只能称"小弟"，改做还原剂。如双氧水是强氧化剂，但与高锰酸钾反应时只能作还原剂。某些"大牌"的氧化剂在某个反应中可能同时担任氧化剂和还原剂的角色，如双氧水的分解，-1 价的氧原子既升价生成氧气又降价生成水。

(4) 氧化性与还原性强弱会受温度、浓度、酸碱性、溶解性等因素影响。某些强还原剂难溶于水，不能形成浓溶液，也无法得到酸的帮助，因而不能跟氧化性溶液反应，如氢气和一氧化碳不能被高锰酸钾溶液氧化。

(5) 并非任何氧化剂都能与任何还原剂反应，跟阴阳相合规律相同的是，强氧化剂与强还原剂优先反应，弱氧化剂与弱还原剂很难反应甚至不能反应。下面是几种常见氧化剂及其还原产物的强弱关系，氧化剂的氧化性越强，其还原产物的还原性就越弱。

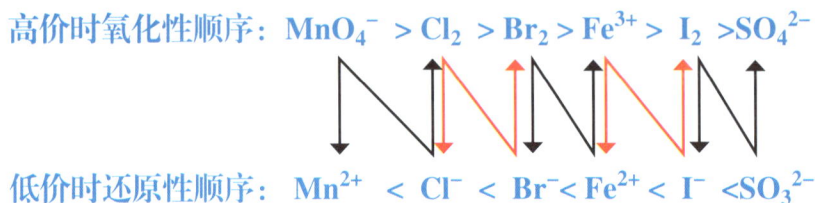

以上每一组箭头代表每一个反应（未配平）：

$$MnO_4^- + Cl^- \rightarrow Mn^{2+} + Cl_2$$

$$Cl_2 + Br^- \rightarrow Cl^- + Br_2$$

$$Br_2 + Fe^{2+} \rightarrow Br^- + Fe^{3+}$$

$$Fe^{3+} + I^- \rightarrow Fe^{2+} + I_2$$

$$I_2 + SO_3^{2-} \rightarrow I^- + SO_4^{2-}$$

明显可见，与阴阳相合规律一样，氧化还原反应也表现出强生弱规律。这些反应都是排前的较强氧化剂与排后的较弱氧化剂的还原产物反应生成较弱氧化剂和较弱还原剂，前后差得越大越容易反应，如 $MnO_4^- + SO_3^{2-} \rightarrow Mn^{2+} + SO_4^{2-}$。但这还不是完整的离子反应方程式，要写出完整的离子反应方程式还需要分三步走。

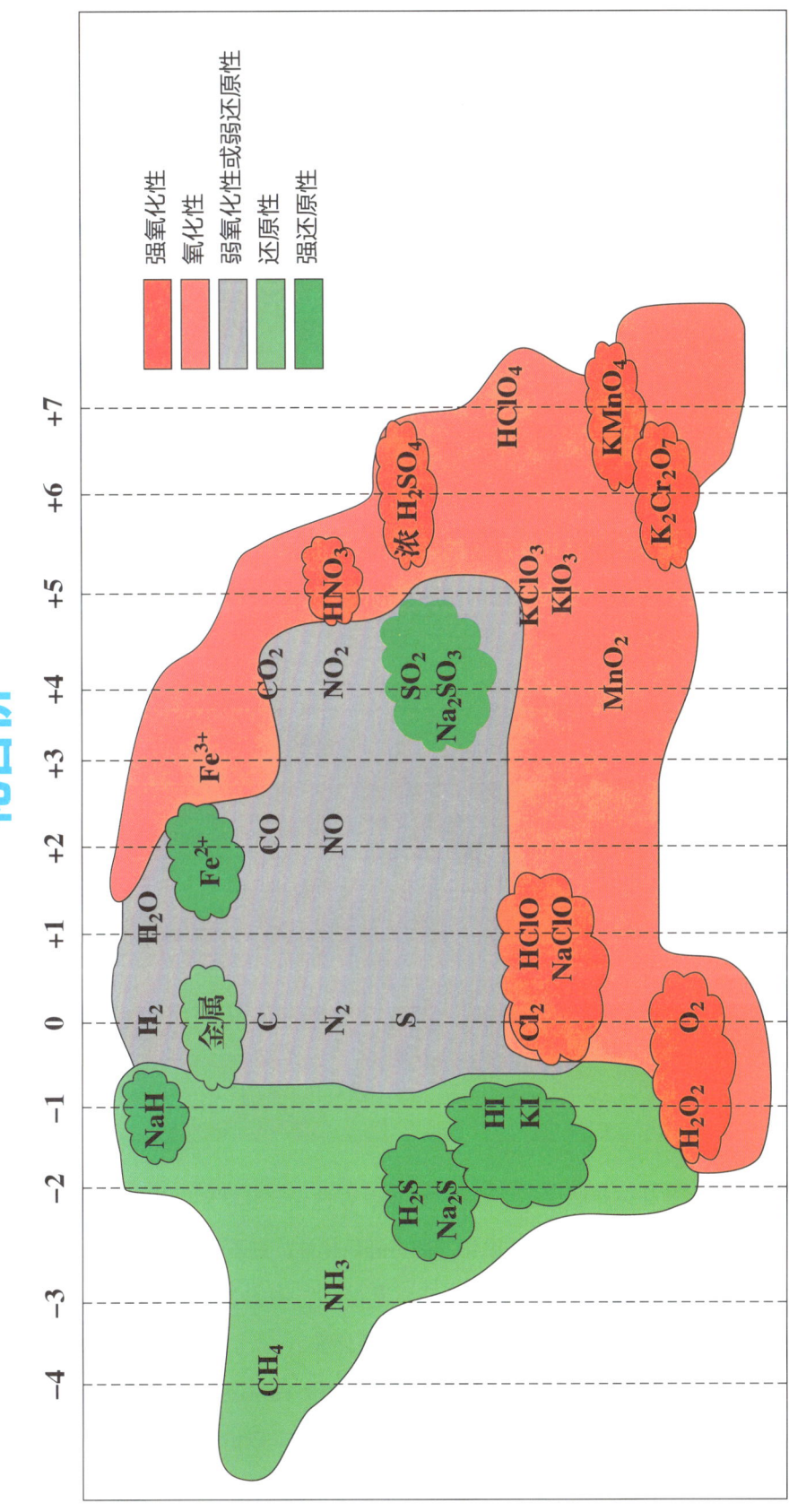

常见氧化剂和还原剂所含核心元素的化合价与氧化性、还原性强弱"地形图"

原来如此!酸菜泡辣椒泡出了科学道理。

氧化还原反应还有很多丰富的知识,想深入学习,就请继续往下看吧。

如果说阴阳相合规律是化学反应的第一法典,那么氧化还原相对规律就是第二法典。我们也可以把物质分类为氧化剂和还原剂两大阵营。下表列出的是中学化学常见的部分氧化剂和还原剂。

所属类别	氧化剂	还原剂
单质	氧气、氯气	金属、氢气、碳
氧化物	氧化铜、氧化铁、双氧水	一氧化碳、二氧化硫
酸	硝酸、次氯酸	亚硫酸、氢硫酸、氢碘酸
盐	高锰酸钾、氯酸钾、次氯酸钠、三价铁盐	二价亚铁盐、亚硫酸盐、硫化钠、碘化钾

由于容易对氧化还原概念产生较多的误解,在这里我要特别说明以下几点:

(1) 我们通常说某种物质是强氧化剂具有强氧化性,并不是它所含的元素都有强氧化性。如 $KMnO_4$ 中 K^+ 没有强氧化性,实质是 MnO_4^- 中的 Mn 元素具有强氧化性,我们会说 MnO_4^- 有强氧化性或者说 $KMnO_4$ 有强氧化性。

(2) 元素处在高价态时具有氧化性,处在低价态时具有还原性,处在中间价态的既有氧化性也有还原性。并非高价态的氧化性一定强,并非低价态的还原性一定强。下图所示为常见氧化剂和还原剂所含核心元素的化合价与氧化性和还原性的强弱"地形图"。

不存在 $Cu+2H^+ = Cu^{2+}+H_2\uparrow$，因氧化性 H^+ 弱于 Cu^{2+}，还原性 Cu 弱于 H_2。

为什么会存在这个规律？

再回过头来看酸菜泡辣椒：

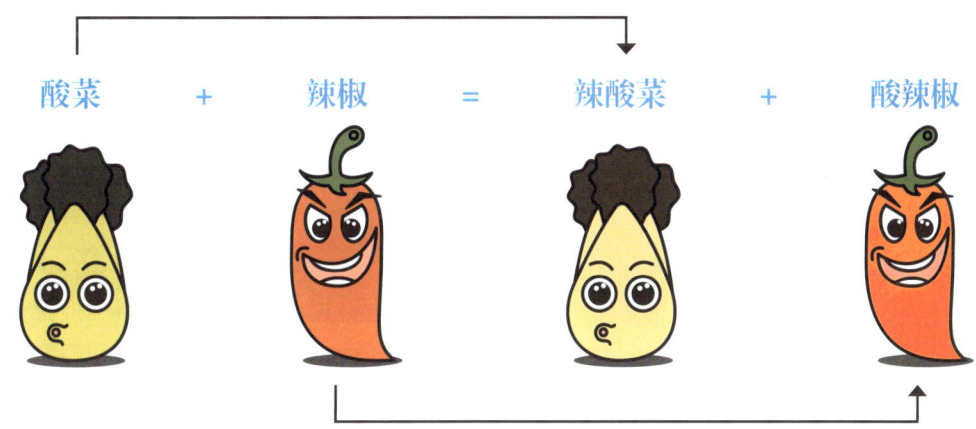

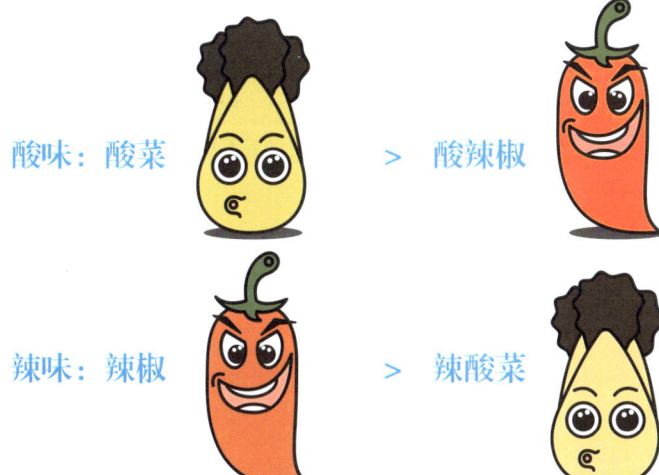

— Cu^{2+} 与 H^+ 比较，哪个的氧化性更强？

— 不懂。

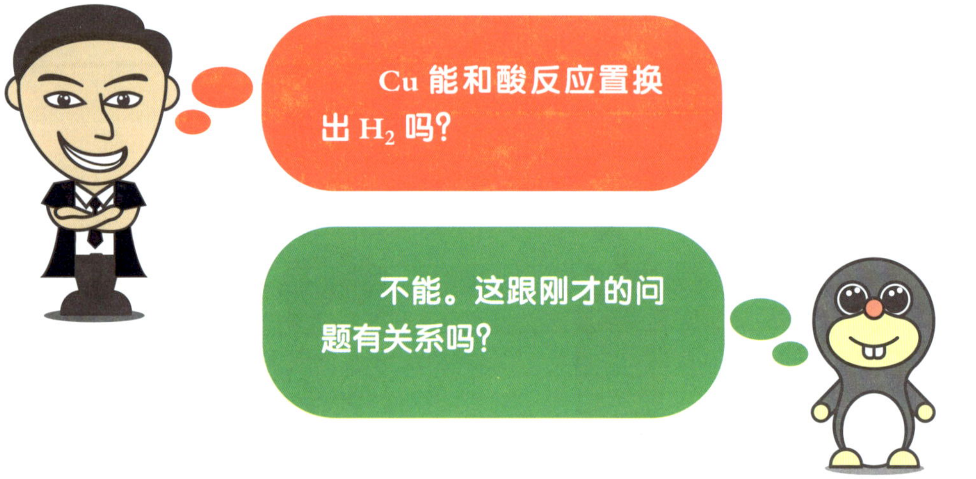

— Cu 能和酸反应置换出 H_2 吗？

— 不能。这跟刚才的问题有关系吗？

氧化还原反应有个重要的强生弱规律，先看下面的例子：

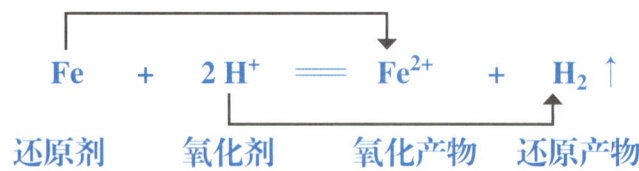

$$Fe + 2H^+ = Fe^{2+} + H_2\uparrow$$

还原剂　　氧化剂　　氧化产物　　还原产物

从中我们可以发现：

氧化性：氧化剂 > 氧化产物，所以 $H^+ > Fe^{2+}$

还原性：还原剂 > 还原产物，所以 $Fe > H_2$

通过酸菜和辣椒的聊天可总结出如下规律：

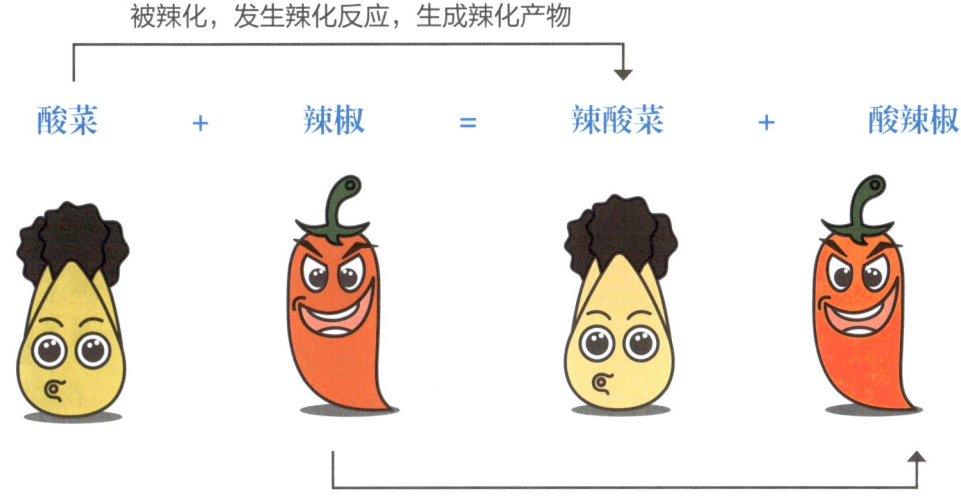

即：

酸菜有酸性，被辣椒辣化，发生辣化反应，生成辣化产物辣酸菜

辣椒有辣性，被酸菜酸化，发生酸化反应，生成酸化产物酸辣椒

对比：

氧化剂有氧化性，被还原剂还原，发生还原反应，生成还原产物

还原剂有还原性，被氧化剂氧化，发生氧化反应，生成氧化产物

这怎么记呀？你问我港珠澳大桥有多少个桥墩更容易。

看看酸菜和辣椒怎么说。

在一个泡菜坛子中，酸菜和辣椒在聊天。

我是酸菜，有酸性，我能把你变成酸辣椒。

我是辣椒，有辣性，我能把你变成辣酸菜。

我被你辣化了，发生辣化反应，生成了辣酸菜。

我被你酸化了，发生酸化反应，生成酸辣椒。

氧化剂具有氧化性，即具有将还原剂氧化的能力。

还原剂具有还原性。即具有将氧化剂还原的能力。

氧化剂被还原，发生还原反应，生成还原产物。

还原剂被氧化，发生氧化反应，生成氧化产物。

反应过程表示为

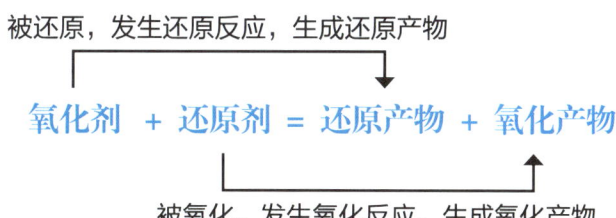

化学反应是原子的重新组合，有些反应纯粹是拼"乐高积木"，但有些反应的原子重新组合是有交易条件的，"一手交钱，一手交货"，这就是电子转移。由于电子带负电，付出电子的一方负电性减小，正电性增加，化合价升高；接收电子的一方负电性增加，正电性减小，化合价降低。因此，电子转移是本质，是微观的；化合价升降是表现特征，是宏观的。

化学上，把化合价升高的反应叫做氧化反应，化合价降低的反应叫做还原反应，一个反应有化合价升高必然有化合价降低，即发生氧化反应的同时必然发生还原反应，就如同作用力与反作用力。

所以把有化合价变化的反应称为氧化还原反应。

把化合价降低的物质称为氧化剂。

把化合价升高的物质称为还原剂。

什么叫还原？回到原来。在反应 $2CuO+C \xrightarrow{\triangle} 2Cu + CO_2$ 中，CuO 失去 O 被还原为 Cu。这么说来单质铜是铜元素原来的样子，搞错了吧？自然界不存在单质铜，反而是 CuO 或其他铜的化合物。这是人类做的手脚！因为自然界的铜化合物不能直接为人类所用，而单质铜才是人类所需的，因此就认为铜元素原来的样子应该是单质铜。后来了解到不管是否得到单质，更不论物质是否回到最初的样子，反正失去氧的就叫做被还原，得到氧的就叫做被氧化。

海带中的 KI 变成 I_2 单质，是被还原？还是被氧化？

肯定是被还原吧。

错了！不能认为得到单质就是被还原。

没有得失氧的反应怎么判断是被氧化还是被还原？

6 酸菜泡辣椒

得对失，升对降。

得氧对失氧。

浓对稀，深对浅。

氧化对还原。

苦对甜，酸对辣。

还原对氧化。

第三步：在左边的弱酸根阴离子中把酸式根归一类，它们既能和酸反应，也能和碱反应，属于两面派。结果是：

中立派与两边的阴、阳离子可以大量共存；

两面派与两边的离子都不能大量共存；

左边的阴离子与右边的阳离子不能大量共存；

另外，由于 NH_4^+ 与弱酸根阴离子的"人缘较好"，可以与大多数弱酸根阴离子大量共存。

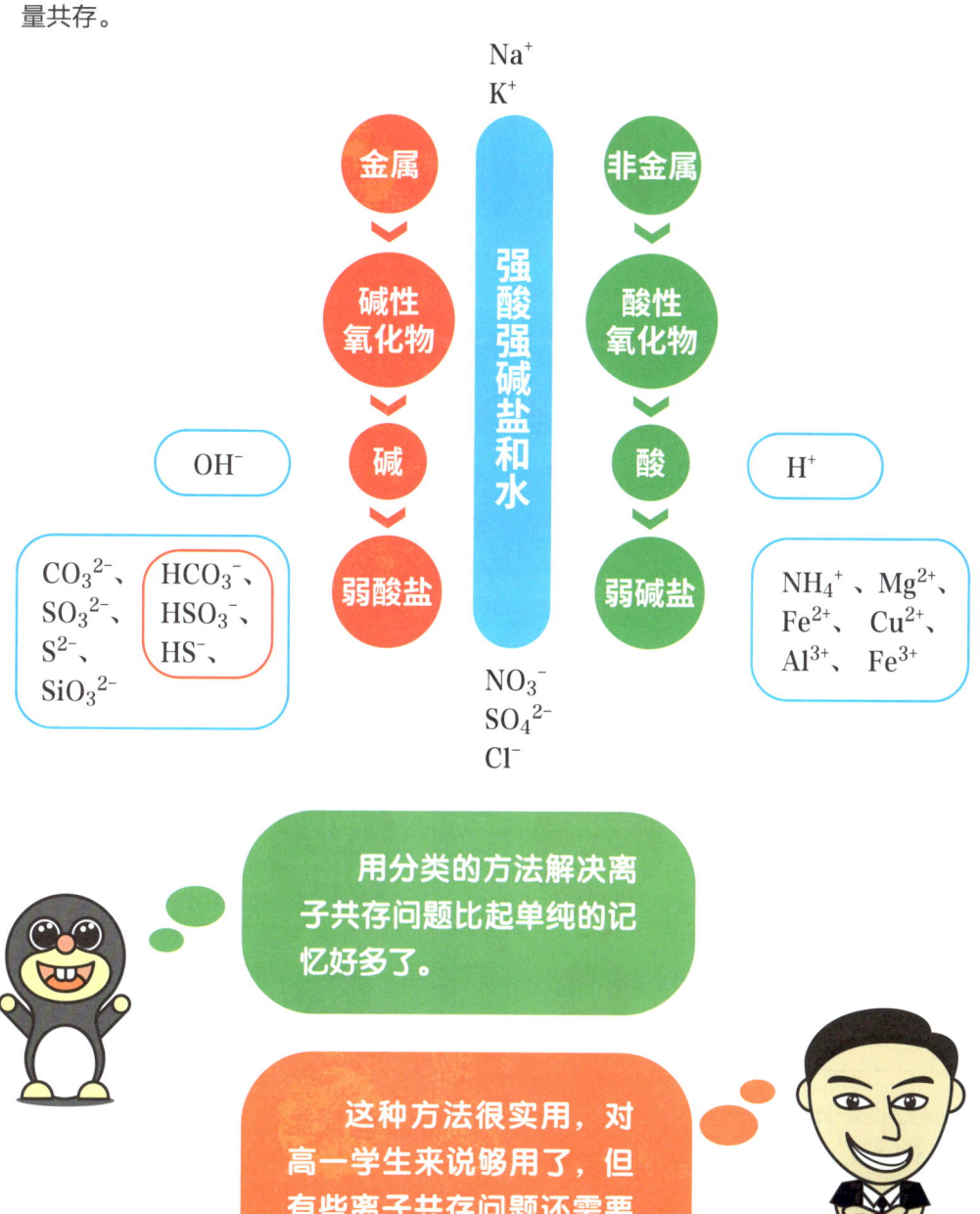

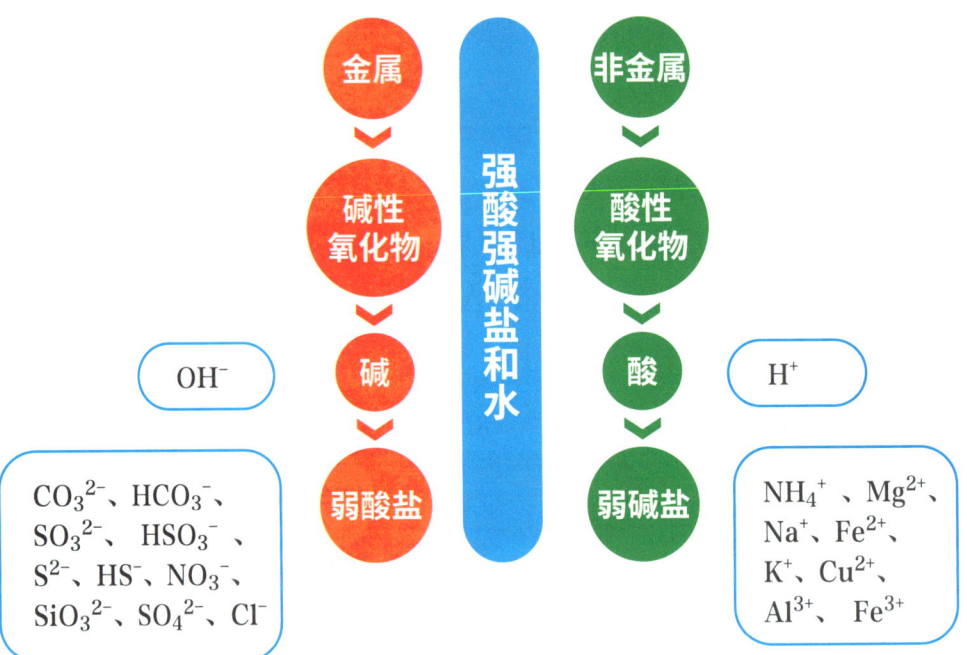

第二步：把左边的强酸根阴离子和右边的强碱阳离子放到中间，因为它们是中性的，除非反应生成沉淀，否则它们和两边的离子不反应，属于中立派。

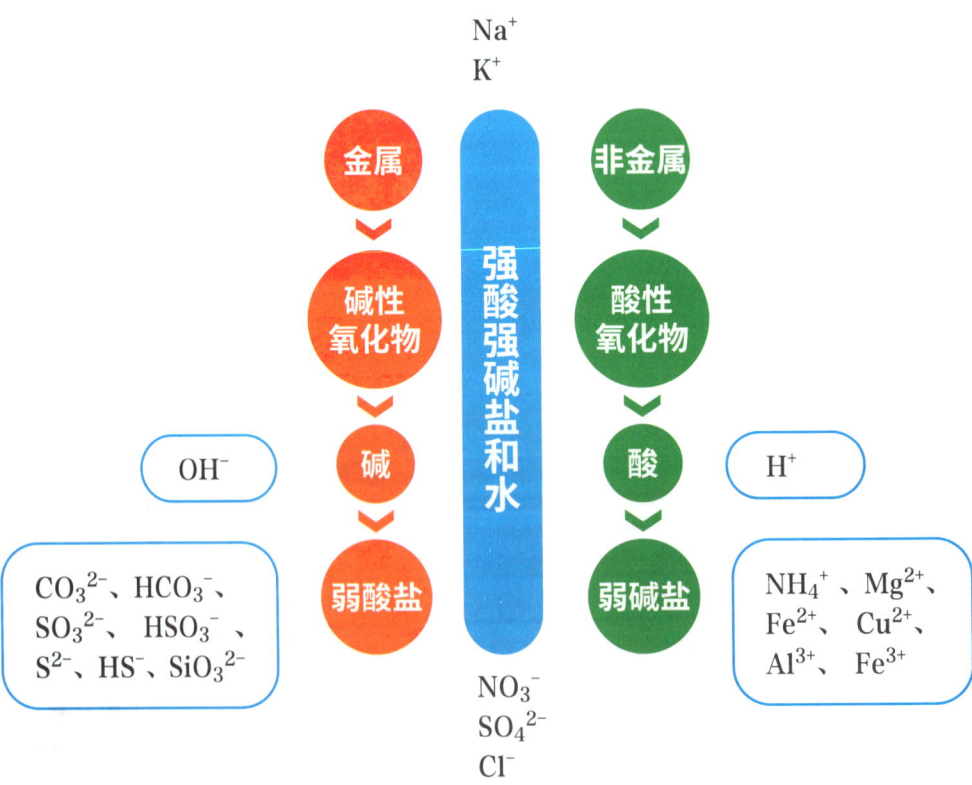

回到现实中来，怎样解答离子共存的题目？下列所示的离子哪些不能大量共存？

NH_4^+、Mg^{2+}、CO_3^{2-}、HCO_3^-、Na^+、Fe^{2+}、K^+、Cu^{2+}、SO_3^{2-}、HSO_3^-、Al^{3+}、Fe^{3+}、NO_3^-、S^{2-}、HS^-、SiO_3^{2-}、SO_4^{2-}、Cl^-

如果离子间反应生成沉淀或气体或水的就不能大量共存。但我记不住哪些离子间反应能生成沉淀，哪些能生成气体，哪些能生成水呀！

我们可以从分类的角度来看待离子共存问题，阴阳相合规律也可派上用场。

　　我们可以把离子分成阴、阳两大阵营，这两大阵营的离子是不能大量共存的，有部分离子是中立的，除了发生明显的沉淀反应外（注：氧化还原反应在后面讲述），它们与其他离子能大量共存。解决离子共存问题要利用好阴阳相合规律，分三步走。

　　第一步：把离子分成阴离子和阳离子两大类。

　　阴离子放到左边，因为左边有碱，OH^-，大家都是阴离子嘛！

　　阳离子放到右边，因为右边有酸，H^+，大家都是阳离子嘛！

钠离子和氯离子能在溶液中共存，不知是好事还是坏事，明明因为找不到伴只能到处游荡，却说得好像很潇洒。

在水溶液中，某些离子之所以不共存，是因为它们能结合为更稳定的物质，能找到更合适的生存状态。

"不能共存"听起来好像是你死我亡的敌对关系，一直以来，我对不能在溶液中大量共存的离子都是抱有同情心的，觉得它们挺可怜的，但现在看法不一样了。

有关离子共存的题目也许可以改成：下列各组离子在水溶液中因为找不到伴只能在水中到处游荡，无所事事的是____。哈哈！

5 "凭"水相逢

有些物质是由阴阳离子组成的,如大部分电解质。固体电解质中的离子不能移动,但电解质溶于水时,在水分子的帮助下能释放出可自由移动的离子,这些离子就像毕业生出去找工作,在茫茫江湖中期待遇见知音结成稳定的合作伙伴,过着安稳的日子。

> 我是硫酸钠中的钠离子,我与硫酸根离子生活在一起,日子也过得很安稳。我抱着知足常乐的心态,跟什么离子共处都无所谓。但硫酸根离子就不同了,它总是梦想遇到钡离子从而结合成既难溶又稳定的硫酸钡。所以每一次下水都可能是我与硫酸根离子的别离。

当硫酸钠溶液与氯化钡溶液混合,发生反应:

$$Na_2SO_4 + BaCl_2 = BaSO_4 \downarrow + 2NaCl$$

实质是硫酸根离子遇上了钡离子生成了硫酸钡沉淀,而钠离子和氯离子只能眼睁睁看着自己朝夕相处的同伴跟别的离子双双离开,别提有多难过。更惨的是连尊严和地位都丢了,在离子方程式里连位置都没有。

$$SO_4^{2-} + Ba^{2+} = BaSO_4 \downarrow$$

化学方程式重点在宏观上表示反应前后的物质种类的变化,离子方程式重点在微观角度上表示反应过程的本质。那些能相互反应的离子要么生成沉淀,要么生成气体离开溶液,要么干脆生成水融入水中。

胶体有很多用途，下面的现象跟胶体的什么性质有关？

(1) 灯光节中舞动的光柱；

(2) 明矾用于净水；

(3) 石膏点豆腐；

(4) $FeCl_3$ 用于止血；

(5) 静电除尘；

(6) 一支钢笔使用两种不同牌子的墨水，易出现堵塞；

(7) 江河入海口形成沙洲；

(8) 血液透析；

(9) 橙汁与可乐不宜混着喝。

我最好还是先自己想想，不懂再问老师。

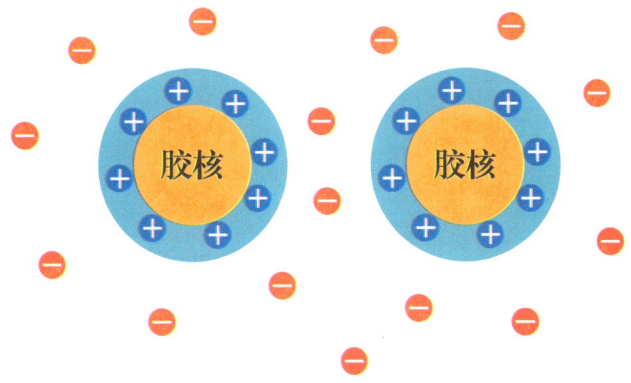

当加入其他电解质时,电解质的阴阳离子会破坏原来存在的电荷平衡,使无数胶粒聚集成更大的集合体从而生成沉淀。有些分子生来就是"巨婴",一个分子就有胶粒那么大,这些就是高分子。它们不像其他大多数需要在电解质溶液中生成的胶体,它们直接溶于水就形成了胶体,因而几乎不带电荷。这类胶体有牛奶、豆浆、洗米水等。

哇塞!原来如此。但我对胶体还存在三个疑问:
1. 说牛奶是胶体,但为什么看不到丁达尔效应?
2. 说豆浆是胶体,但为什么可以看到豆渣沉下来?
3. 说泥水是悬浊液,但为什么可以看到丁达尔 效应?

原因是你把胶体当作纯净物看待了,溶液、胶体、浊液都是混合物,并没有清晰的界限,三者同时存在,存在过渡带。丁达尔效应只在一定浓度的胶体中比较明显,牛奶加水稀释后就可以看到明显的丁达尔效应;豆浆的下层属于悬浊液,上层主要是胶体;泥水中的下层是悬浊液,中层是胶体,上层是溶液。

4 聚散会有时

当物质溶解于水时，分子均匀分散到水中形成均一透明的溶液。如果若干个分子聚集起来组成一个直径为 1~100nm 的集合体，无数个这样的集合体分散在水中就形成了胶体。这个集合体称为胶粒，其直径只有 10^{-8}m 左右，所以肉眼看上去它仍然是透明的，但它与溶液具有不同的物化性质。

溶液中直径小于 1nm 的粒子对光束不产生明显散射；胶粒直径处于 1~100nm 之间，刚好能对光束产生明显的散射，所以我们能看到一条光亮的通道，这种现象称为丁达尔效应。粒子直径大于 100nm 时，几乎把光阻挡了，产生散射现象不明显。化学上把分散质粒子直径处于 1~100nm 之间的分散系称为胶体。

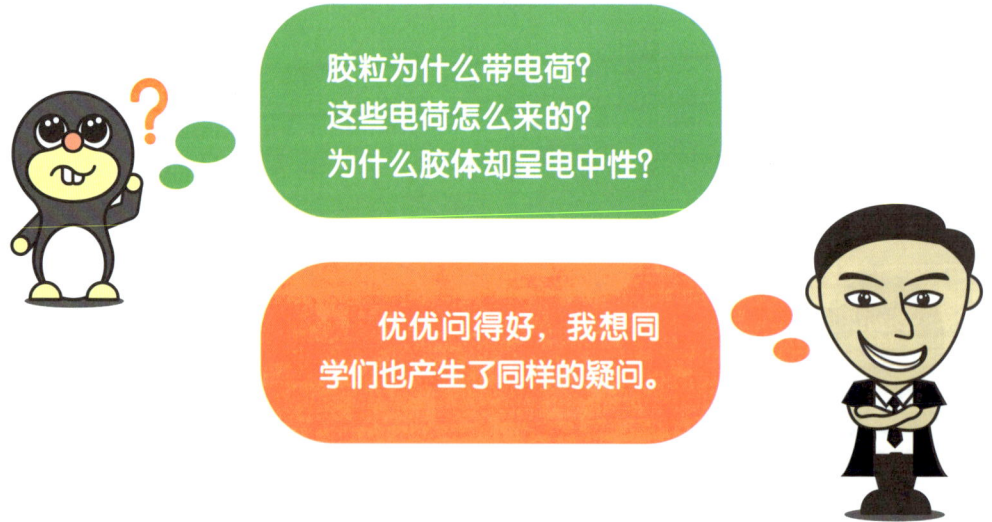

胶粒包括胶核与吸附层。胶粒在水中犹如在足球场上放无数张桌子，由于表面积大而容易吸附微小的尘粒。所以胶粒的吸附层很容易吸附电解质溶液中的离子，同种胶粒吸附同种离子，所带相同电荷，它们相互排斥因而不能再聚集成更大的集合体生成沉淀。由于每个胶粒附近都均匀分散着相反的电荷，所以胶体呈电中性，如下图所示。

下面来多了解一点《易经》的知识。八个卦重新组合得到八八六十四卦,这些卦叫"别卦",也叫"大成之卦"。《易经》的符号系统就大功告成了,如下面所示为六十四卦的其中八个卦。

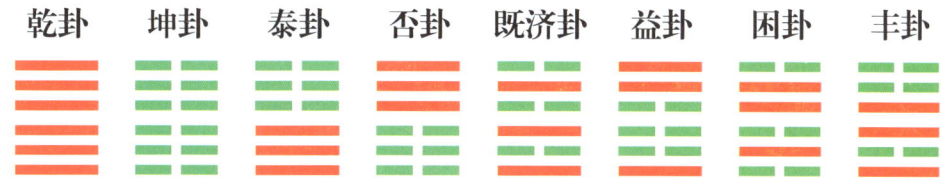

古人还利用生活经验和智慧给每个卦都赋予了不同的意义,使用《易经》来占卜指导生产活动和生活行为,趋吉避凶。占卜的方法很简单,拿个硬币就可以做。假如有数字的一面代表阳,有花的一面代表阴,抛一次硬币看哪面朝上,就记下一爻,再抛一次,在原先所记下的爻的上面再加一爻,如此重复,就可以得到含 6 个爻的别卦,再查找《易经》里对应这个卦的解释。好玩吧?

太好玩了!我要算算这个周末是不是双休,是否要补课。

玩玩就好了,不要当真。《易经》给了我们看事物的不同方法,一种思考问题的方法。

其一：

天生雷　$4Na+O_2 \xrightarrow{\triangle} 2Na_2O$

雷生火　$Na_2O +H_2O = 2NaOH$

水生泽　$H_2CO_3+2NaOH = Na_2CO_3+ 2H_2O$

其二：

地生风　$S+O_2 \xrightarrow{\triangle} SO_2$

风生水　$SO_2 +H_2O = H_2SO_3$

火生山　$Mg(OH)_2 +H_2SO_3 = MgSO_3+ 2H_2O$

在八卦图中，卦象相反的两个卦放在相对的位置上。根据以上的推论，我们可以得到具有化学意义的八卦图。这就是古老《易经》的化学秘密。

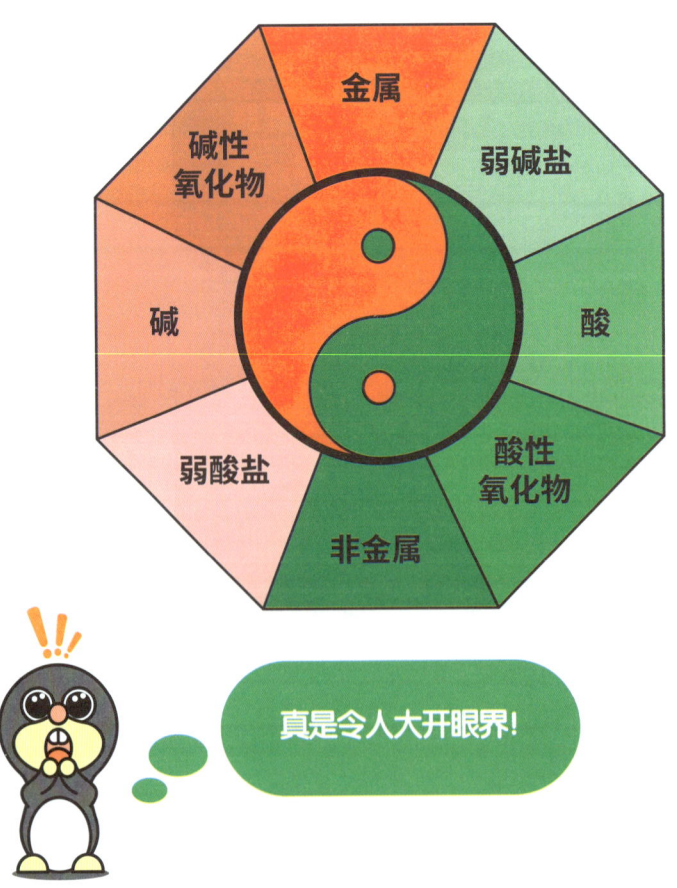

真是令人大开眼界！

前面说过，我们把物质分为阴、阳两大阵营，这两大阵营中也有四组相互对立的物质。如果我们用乾卦代表金属，震卦代表碱性氧化物，离卦代表碱，兑卦代表弱酸盐；坤卦代表非金属，巽卦代表酸性氧化物，坎卦代表酸，艮卦代表弱碱盐，下图既表示八卦的相对关系，也包含了化学物质的相对关系。

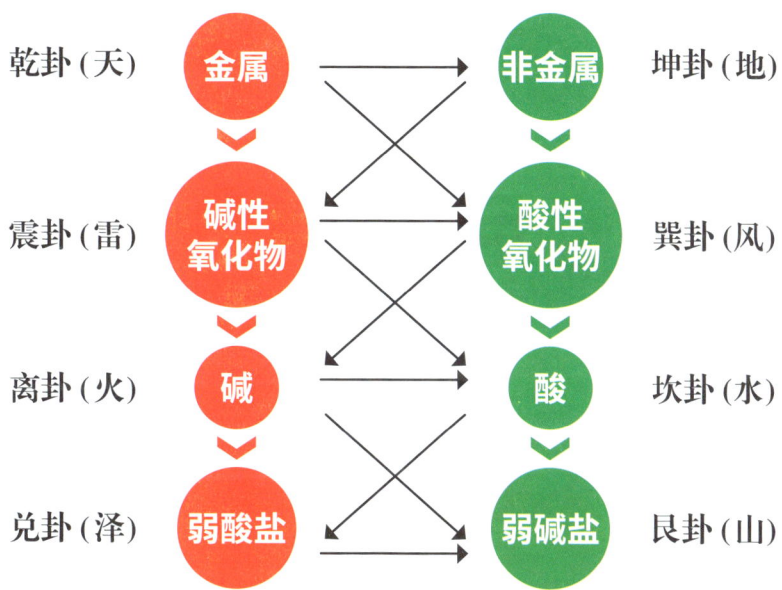

下面我们用钠的化合物和硫的化合物转化关系作为例子，探索八卦的相生关系与化学物质的相互关系。

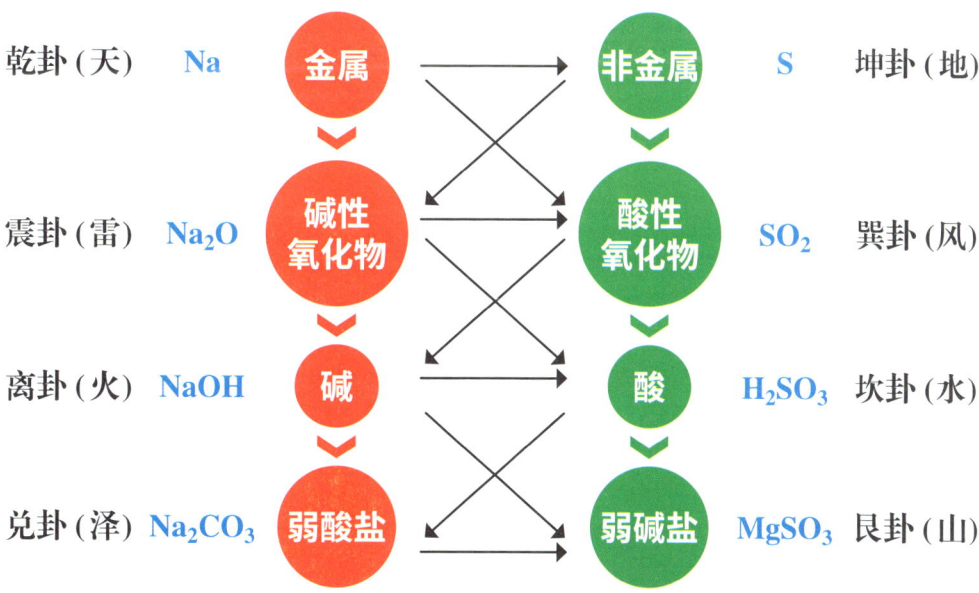

更有趣的是，八个"小成之卦"可以分成阴、阳刚好相反的四组。

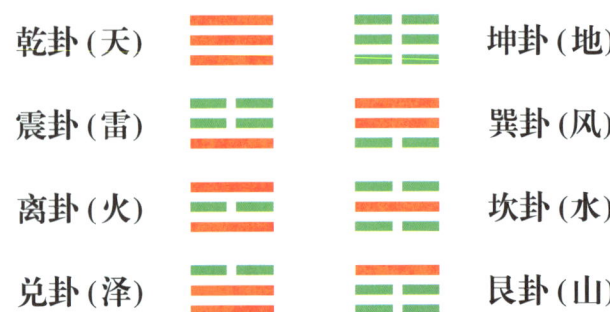

这相反的四组卦，反映了自然界万物的对立关系。

哇噢！

乾对坤，天对地，苍天与大地。

震对巽，雷对风，惊雷与狂风。

离对坎，火对水，烈火与洪水。

兑对艮，泽对山，沼泽与高山。

《易经》认为世间一切事物存在永恒不变的真理、道理，事物都有阴阳，或者说，都可以分为阴和阳。世界的变化规律就在阴阳的变化之中，相生、相克、共存、转化。

《易经》的符号系统是怎样建立的呢？

一条长横线代表阳，两条短横线代表阴。一个阳爻，一个阴爻，叫做两仪。

━━━━ （阳爻） ━ ━ （阴爻）

在阳爻和阴爻上面加多一爻，阳爻和阴爻组合产生四种符号。这四种符号叫做四象，分别代表南、西、东、北，或夏、秋、春、冬，又或朱雀、白虎、青龙、玄武。

（太阳） （少阴） （少阳） （太阴）

在四象上面再加多一爻，产生八种符号，即八卦，也叫"小成之卦"。

| 乾卦 | 兑卦 | 离卦 | 震卦 | 巽卦 | 坎卦 | 艮卦 | 坤卦 |

（代表天　代表泽　代表火　代表雷　代表风　代表水　代表山　代表地）

所以说，道生两仪，两仪生四象，四象生八卦。

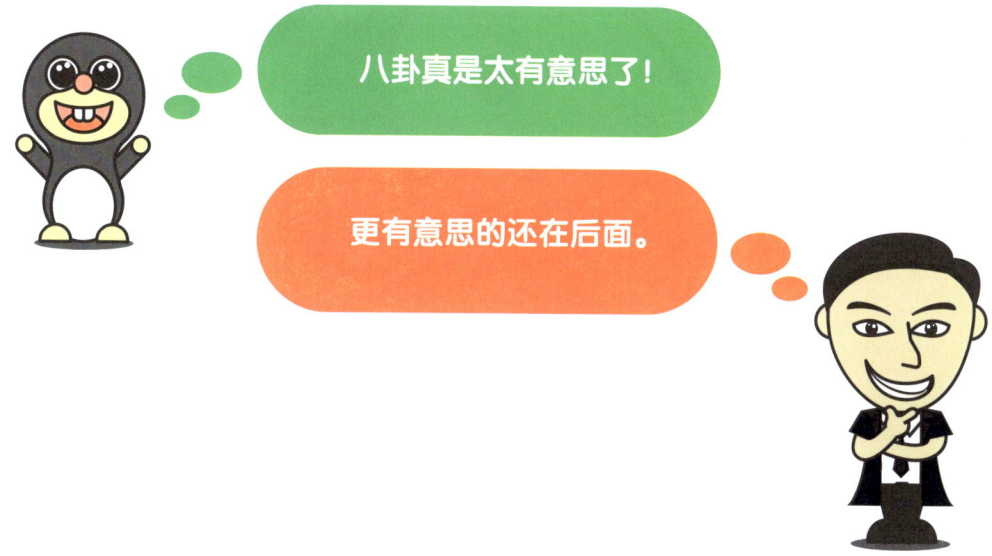

3 《易经》中的化学秘密

阳对阴，白对黑。
上对下，左对右。
头对尾，连对断。
方对圆，曲对直。

> 原来弱酸盐是碱性的,它们与碱是同一阵营;弱碱盐是酸性的,它们与酸是同一阵营。

弱酸盐溶液碱性强弱顺序: $NaClO > NaHCO_3 > CH_3COONa > NaHSO_3$

弱碱盐溶液酸性强弱顺序: $CuCl_2 > FeCl_2 > MgCl_2$

越强的弱酸盐与越强的弱碱盐越容易反应生成更稳定的盐。

> 你要记住了,物质间的反应要遵循阴阳相合规律和强生弱规律。

> 但是 C 和 O_2 都是非金属,属于同一阵营,为什么能反应? $Ca(OH)_2$ 和 Na_2CO_3 是同一阵营,为什么也可以反应?

> 阴阳相合规律对大部分反应可认为是有效的。迄今为止,在科学界很难有哪种规律能解决所有问题。你所提出的问题只是少数例子,它可以用另一个反应规律来解释,我们很快将会学到。

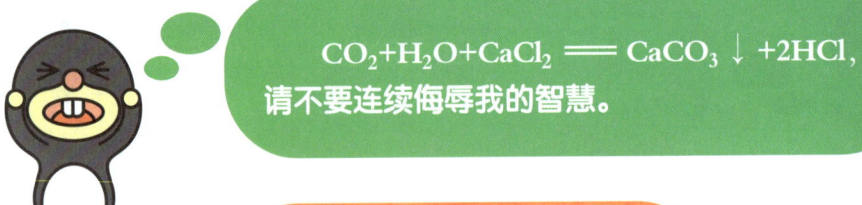

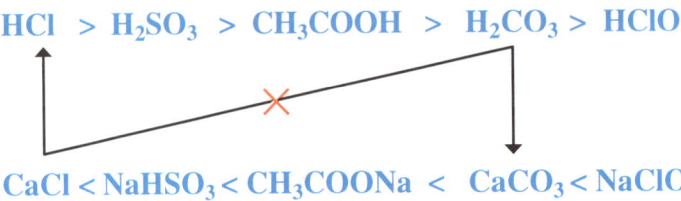

$CaCl_2$ 是 HCl 的盐， H_2CO_3 比 HCl 弱，所以 H_2CO_3 不能与较强的 HCl 的盐反应生成 HCl。

与强酸制弱酸对应的是强碱制弱碱，碱与弱碱盐的反应同样存在这样的规律，即较强的碱可以与弱碱盐反应生成较弱的碱。

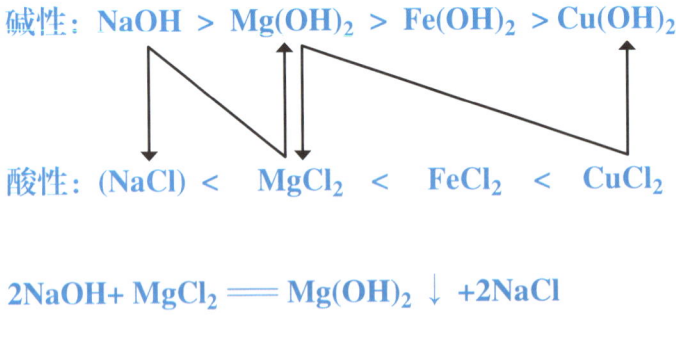

$2NaOH + MgCl_2 == Mg(OH)_2\downarrow +2NaCl$

$Mg(OH)_2 + CuCl_2 == Cu(OH)_2 + MgCl_2$

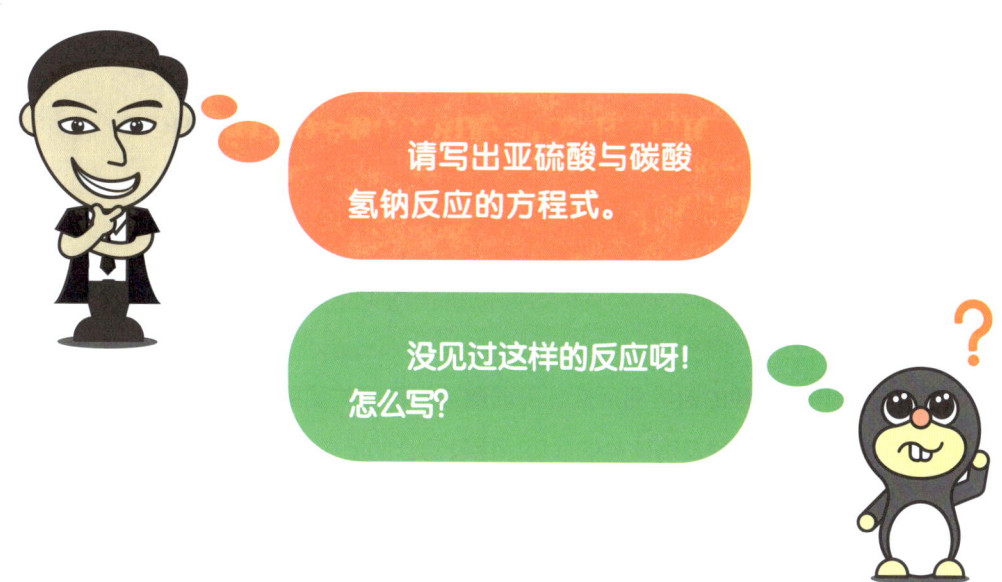

$$HCl > H_2SO_3 > CH_3COOH > H_2CO_3 > HClO$$

$$NaCl < NaHSO_3 < CH_3COONa < NaHCO_3 < NaClO$$

$$H_2SO_3 + NaHCO_3 = NaHSO_3 + H_2O + CO_2 \uparrow$$

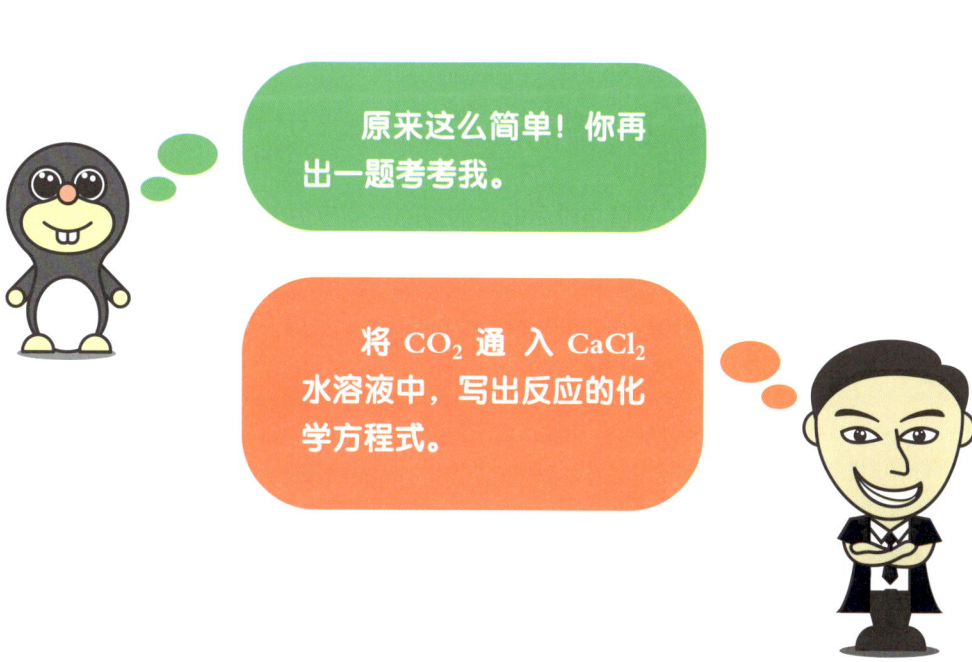

酸性由强到弱顺序：

H₂SO₄、HNO₃、HCl > H₂SO₃ > CH₃COOH > H₂CO₃ > HClO

溶液碱性由强到弱顺序：

NaClO > NaHCO₃ > CH₃COONa > NaHSO₃ > NaCl、NaNO₃、Na₂SO₄

所以强酸与更弱酸的盐容易反应，而弱酸通常不能与更强酸的盐反应。我们再从另一个角度来看看各种酸及弱酸盐的强弱顺序及隐含的反应规律。

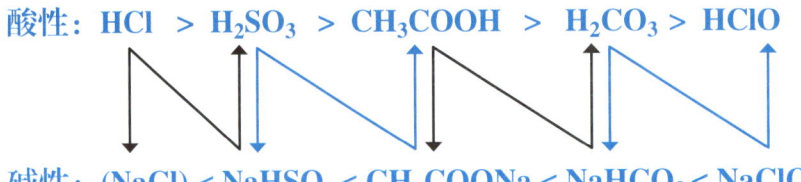

以上每一组箭头代表每一个反应（未配平）：

$$HCl + NaHSO_3 \rightarrow H_2SO_3 + NaCl$$

$$H_2SO_3 + CH_3COONa \rightarrow NaHSO_3 + CH_3COOH$$

$$CH_3COOH + NaHCO_3 \rightarrow CH_3COONa + H_2O + CO_2 \uparrow$$

$$H_2CO_3 + NaClO \rightarrow NaHCO_3 + HClO$$

这些反应都是排前的较强酸与排后的较弱酸的盐反应生成较弱酸，前后差得越大就越容易反应，如 $H_2SO_4 + NaClO = Na_2SO_4 + HClO$。这是无机反应中重要的规律，称为强酸制弱酸规律，利用这个规律可以方便地写出一些陌生的方程式。

较强的酸与较强的碱性氧化物容易发生反应，弱酸与较弱的碱性氧化物很难反应，如碳酸不与 FeO、CuO 反应。

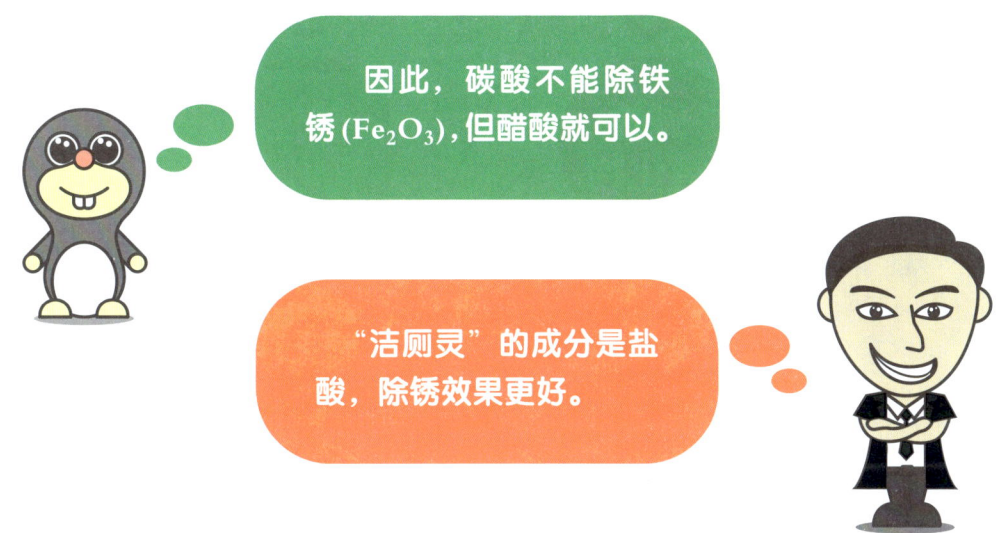

因此，碳酸不能除铁锈(Fe_2O_3)，但醋酸就可以。

"洁厕灵"的成分是盐酸，除锈效果更好。

3. 与碱反应

如：$HCl + NaOH = NaCl + H_2O$

我们常说酸与碱发生中和反应，但其实并不是所有的酸都能跟所有的碱反应，因为中和反应与酸和碱的强弱有关。

较强的酸与较强的碱容易反应，而弱酸和弱碱一般很难反应，如碳酸不能与 $Fe(OH)_2$、$Cu(OH)_2$ 反应。

4. 与弱酸盐反应

如：$2HCl + Na_2CO_3 = NaCl + H_2O + CO_2\uparrow$

并非所有的酸都能与弱酸盐反应，这要看酸的强弱。既然弱碱盐溶液显酸性且有强弱之分，那么弱酸盐溶液碱性也应该有强弱之分。越弱的酸其对应的盐溶液的碱性越强。

下面以酸为例，它有 4 类主要反应，可以视为酸的"通性"。

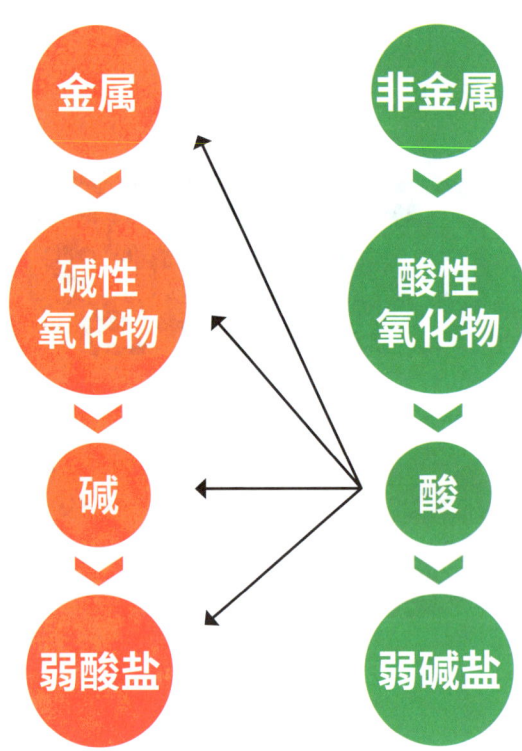

1. 与金属反应

如：$2HCl + Fe == FeCl_2 + H_2\uparrow$

较强的酸与活泼性较强的金属容易反应放出 H_2。

2. 与碱性氧化物反应

如：$2HCl + CuO == CuCl_2 + H_2O$

碱性氧化物来源于相应的碱，也有强弱之分。

碱性由强到弱顺序：$NaOH > Mg(OH)_2 > Fe(OH)_2 > Cu(OH)_2$

↓　　　　↓　　　　↓　　　　↓

碱性由强到弱顺序：$Na_2O > MgO > FeO > CuO$

常见金属活泼性顺序：Na > Mg > Al > Fe > (H) > Cu > Ag

酸也分强弱，我们把它分为两个档次。其中硫酸、盐酸和硝酸是强酸，为第一档；弱酸如我们知道的碳酸、醋酸，还有以后将要学习的 H_2SO_3（亚硫酸）、HClO（次氯酸）等。它们的酸性强弱顺序如下：

酸性由强到弱顺序：

H_2SO_4、HNO_3、HCl > H_2SO_3 > CH_3COOH > H_2CO_3 > HClO

强酸容易与金属反应，弱酸则很难与金属反应，如碳酸不与铝、铁反应。

铝质的易拉罐可以装碳酸饮料，但不能装醋酸。

4. 与弱碱盐反应

如：$Fe + CuCl_2 == Cu + FeCl_2$

这也是你学过的金属与盐的置换反应。但并不是所有金属都能与弱碱盐反应，必须是较活泼金属才能与较不活泼金属的盐反应，为什么呢？前面我们知道弱碱盐溶液呈酸性，不同的弱碱盐其溶液的酸性是有强弱区分的，越弱的碱其对应的阳离子盐溶液酸性越强。

碱性由强到弱顺序：NaOH > $Mg(OH)_2$ > $Fe(OH)_2$ > $Cu(OH)_2$

溶液酸性由强到弱顺序：$CuCl_2$ > $FeCl_2$ > $MgCl_2$ > NaCl

所以金属与盐反应实质上是活泼性更强的金属与酸性较强的盐反应，生成活泼性更弱的金属和酸性更弱的盐以达到更稳定的状态，如：

$$Mg(强) + CuCl_2(强) == Cu(弱) + MgCl_2(弱)$$

1. 与非金属反应

如：$3Fe + 2O_2 \xrightarrow{\text{点燃}} Fe_3O_4$

并不是所有的金属都能与非金属反应，这跟活泼性有关。

金属活泼性由强到弱顺序：Na > Mg > Al > Fe > Cu

非金属活泼性由强到弱顺序：O_2 > Cl_2 > S > N_2 > C

活泼的金属和活泼的非金属是"积极分子"，更容易发生反应，如氧气是活泼的非金属，它能与绝大多数的金属反应，但它与活泼性强的金属钠更容易反应，与活泼性弱的金属银不易反应。同理，活泼金属钠与活泼性强的氧气、氯气更容易反应，与活泼性弱的氮气、碳不易反应甚至不反应。同时，如果两者都是弱者就很难反应，如碳和铜、银不能反应。所以最容易的反应，第一是强强组合，第二是强帮弱。

2. 与酸性氧化物反应

如：$2Mg + CO_2 \xrightarrow{\text{点燃}} 2MgO + C$

没错，有些活泼金属能在 CO_2 中燃烧，说明"CO_2 不能支持燃烧"是相对的。活泼性强的金属钠、钾更易在 CO_2 中燃烧，但活泼性弱的金属就难了，像锌、铁、铜。

3. 与酸反应

如：$Fe + 2HCl = FeCl_2 + H_2\uparrow$

看到这里你终于找到感觉了吧！这不就是金属与酸的置换反应吗？并不是所有金属都能与酸反应置换出 H_2 的，必须是活泼性在 H 之前的金属，而且活泼性越强的金属越容易反应。

2 强弱有序

阴阳相合规律,是分子的"行为准则",相当于分子世界的法律。但不代表任何阳类物质一定能跟任何阴类物质反应,物质之间的反应既要遵循规律又要满足一定的条件。

在我们的分子世界里,一切都要讲秩序,性质较强的"积极分子"优先反应,"积极分子"能帮助"弱小分子",从而达到共同稳定的目的。

根据阴阳相合规律,我们来看看它们之间的反应需要满足什么条件。以金属为例,它有 4 类主要反应,可以视为金属的"通性"。

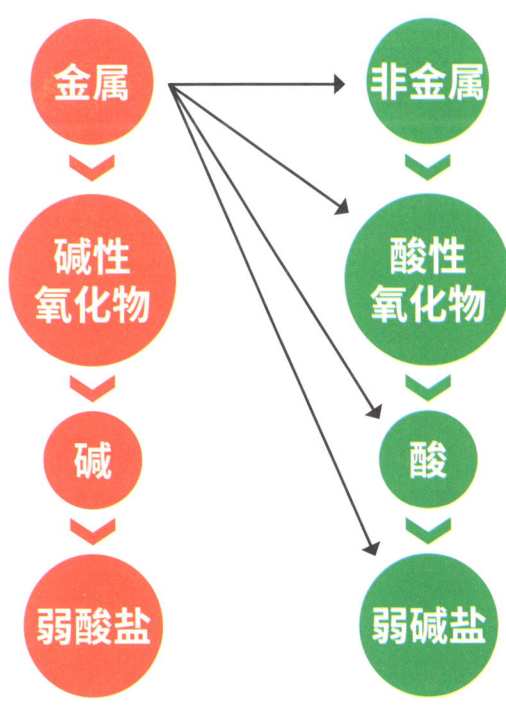

回过头来看前面我提出的问题：氧化铁和氢氧化钠反应生成什么？答案已经很明显了，它们都属于阳类物质，它们不会反应或者在通常条件下很难反应。物质之间的反应遵循阴阳相合规律，阴、阳两类物质反应生成盐（或盐和水），这就是分子的"行为准则"。

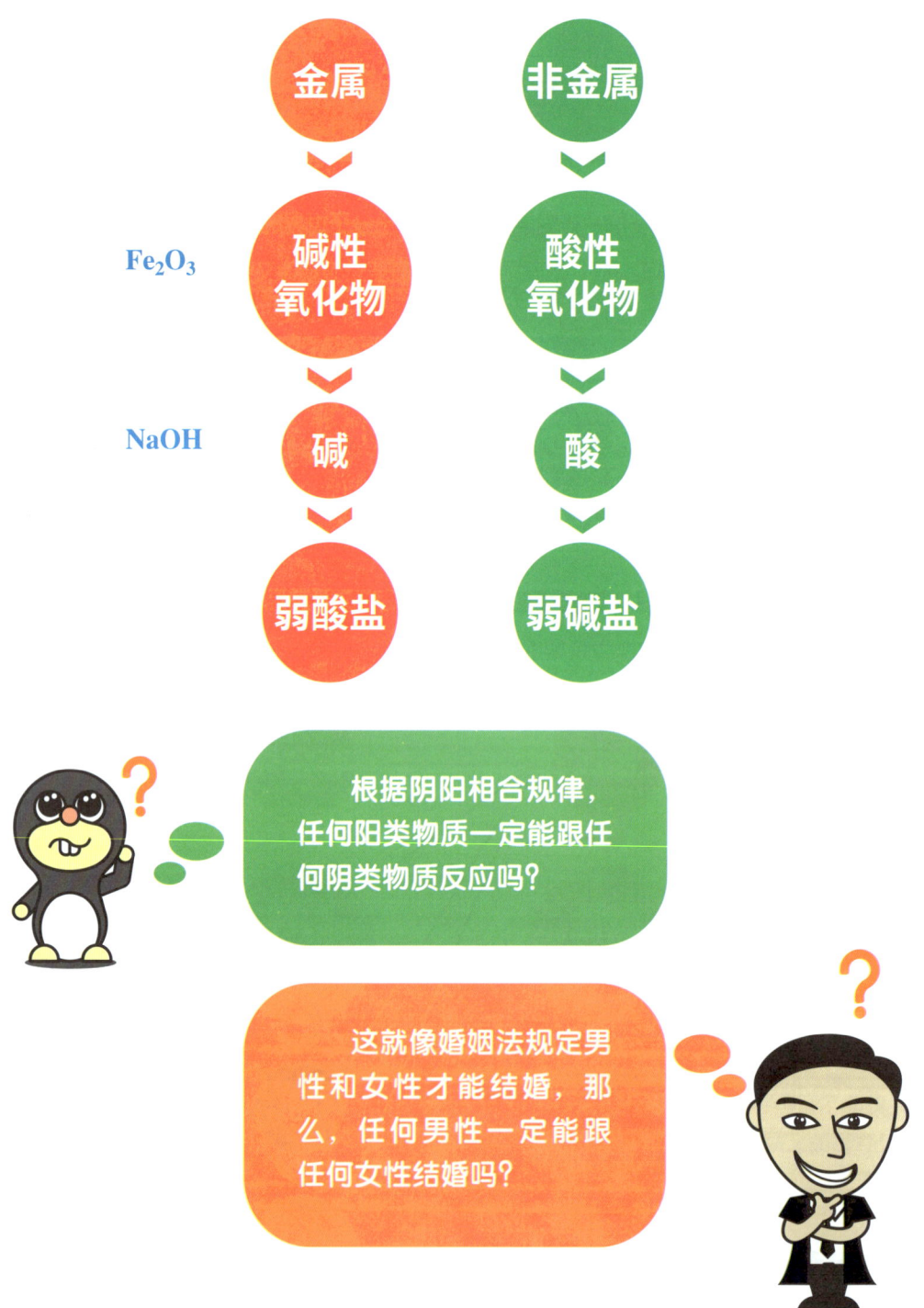

我们发现一些秘密：地球上存在那么多的水，物质在自然界普遍以盐的方式存在，特别是强酸强碱盐，如氯化钠、硝酸钠、硝酸钾、硫酸钠、硫酸钙和硫酸钡等大量矿物。这是因为它们是居于阴阳之间的中立阵营，它们的性质比较稳定。而两边的阴、阳两大类物质很多都是人类制造出来的。自然界只存在少量单质如金、银、碳、氮、氧、硫；几乎没有常见的碱性氧化物如氧化钠、氧化钾、氧化钙，强酸和强碱如盐酸、硫酸、硝酸、氢氧化钠、氢氧化钾和氢氧化钙，只有少量碳酸钠、碳酸氢钠、氯化铵等弱酸盐和弱碱盐，相对于强酸强碱盐来说，其他的弱酸盐和弱碱盐确实不多。这都是因为阴、阳两大类物质性质不稳定，它们能通过阴阳相合的反应生成稳定性更好的盐如强酸强碱盐，重新变回原来的样子回归到自然界。

铁容易生锈，酸遇碱发生剧烈反应，没有谁强迫它们，它们是自愿反应的，否则为什么不反过来，铁锈自动变铁，盐自动变酸和碱呢？

这给我们提供了一个看待事物的全新视角。

我是一种碱，我属于阳类物质。我一辈子都在找寻阴类物质，碰上它们就是我最大的幸福，我渴望跟它们反应生成盐，重新回到我最初的状态。

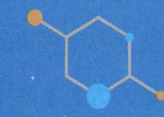

什么是强酸强碱盐？

顾名思义，是由强酸与强碱生成的盐，如下表中由 4 种强碱和 3 种强酸相互反应生成的 12 种强酸强碱盐。

	NaOH	KOH	Ca(OH)$_2$	Ba(OH)$_2$
H$_2$SO$_4$	Na$_2$SO$_4$	K$_2$SO$_4$	CaSO$_4$	BaSO$_4$
HCl	NaCl	KCl	CaCl$_2$	BaCl$_2$
HNO$_3$	NaNO$_3$	KNO$_3$	Ca(NO$_3$)$_2$	Ba(NO$_3$)$_2$

强酸强碱盐是由酸丢掉了 H$^+$ 和碱丢掉了 OH$^-$ 后组成的，酸性、碱性都没有了，一般呈中性。所以强酸强碱盐与水是居于阴阳之间的中立阵营的。

不好意思，我有点得意忘形了，请原谅！如果你也认可我所说的，请你耐心听我讲下去。

什么是强酸弱碱盐？

顾名思义，是由强酸和弱碱反应生成的盐。

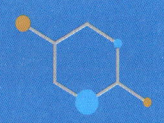

$Cu(OH)_2$	→	$CuCl_2$、$CuSO_4$、$Cu(NO_3)_2$ 等
$Mg(OH)_2$	→	$MgCl_2$、$MgSO_4$、$Mg(NO_3)_2$ 等
$Fe(OH)_2$	→	$FeCl_2$、$FeSO_4$、$Fe(NO_3)_2$ 等
$Fe(OH)_3$	→	$FeCl_3$、$Fe_2(SO_4)_3$、$Fe(NO_3)_3$ 等
$Al(OH)_3$	→	$AlCl_3$、$Al_2(SO_4)_3$、$Al(NO_3)_3$ 等
$NH_3 \cdot H_2O$	→	NH_4Cl、$(NH_4)_2SO_4$、NH_4NO_3 等

强酸弱碱盐溶液呈酸性，所以强酸弱碱盐与酸及酸性氧化物是同一阵营的（后面提及的弱碱盐均指强酸弱碱盐）。

你知道吗？弱碱盐是酸性的，如 NH_4Cl 可代替盐酸用来除铁锈，$MgCl_2$ 溶液可以与锌粒反应制取

真是大开眼界了！

什么是强碱弱酸盐？

顾名思义，是由强碱和弱酸反应生成的盐。

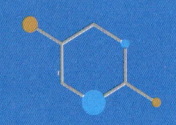

H_2CO_3 → Na_2CO_3、$NaHCO_3$、K_2CO_3、$CaCO_3$ 等

H_2SO_3 → Na_2SO_3、$NaHSO_3$、K_2SO_3、$CaSO_3$ 等

H_2SiO_3 → Na_2SiO_3、K_2SiO_3 等

CH_3COOH → CH_3COONa、CH_3COOK 等

$HClO$ → $NaClO$、$KClO$、$Ca(ClO)_2$ 等

H_2S → Na_2S、$NaHS$、K_2S、CaS 等

HF → NaF、KF、CaF_2 等

强碱弱酸盐溶液呈碱性，所以强碱弱酸盐与碱及碱性氧化物是同一阵营的（后面提及的弱酸盐均指强碱弱酸盐）。

你知道吗？弱酸盐是碱性的，如 Na_2CO_3 叫纯碱，Na_2SiO_3 叫泡花碱。

原来如此！

什么是酸性氧化物？

酸性氧化物，顾名思义，可视为对应酸脱水后的产物。

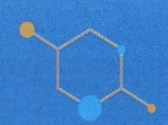

$H_2SO_4 \rightarrow SO_3$

$HNO_3 \rightarrow N_2O_5$

$H_2CO_3 \rightarrow CO_2$

$H_2SO_3 \rightarrow SO_2$

$H_2SiO_3 \rightarrow SiO_2$

酸性氧化物有着与酸相似的"基因"，能与碱反应生成盐和水。所以酸性氧化物是这样定义的：

酸性氧化物——能与碱反应生成盐和水的氧化物。

非金属氧化物是不是就是酸性氧化物了？

不一定。酸脱水得到的氧化物是酸性氧化物，也称为酸酐，因此酸就像母，酸酐就像孩子。像 CO、NO、NO_2 这样的氧化物，可比作孙悟空，是没有"母酸"的，可称为"不成酸氧化物"，不属于酸性氧化物。

为了更好地理解这个规律,你需要耐心了解如下知识。

什么是碱性氧化物?

碱性氧化物,顾名思义,可视为对应碱脱水后的产物。

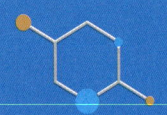

$NaOH \rightarrow Na_2O$

$KOH \rightarrow K_2O$

$Ca(OH)_2 \rightarrow CaO$

$Ba(OH)_2 \rightarrow BaO$

$Cu(OH)_2 \rightarrow CuO$

$Mg(OH)_2 \rightarrow MgO$

$Fe(OH)_2 \rightarrow FeO$

$Fe(OH)_3 \rightarrow Fe_2O_3$

碱性氧化物有着与碱相似的"基因",能与酸反应生成盐和水。所以碱性氧化物是这样定义的:

碱性氧化物——能与酸反应生成盐和水的氧化物。

碱性氧化物的老祖宗是金属,它们一定是金属氧化物。

但金属氧化物不一定是碱性氧化物,如 Mn_2O_7。

> 为什么左边的盐与右边的盐相对呢？它们是怎样不同的两种盐？它们与生成的盐又有何不同？

> 你所提的问题就是当年我所困惑的问题，到现在终于弄明白了，请允许我进行大胆的想象和创新。

假设物质世界由相对的阴、阳两大类物质以及居中的一大类物质共三大阵营所组成，其中金属、碱性氧化物、碱和弱酸盐为阳，而非金属、酸性氧化物、酸和弱碱盐为阴。阴、阳两大阵营的物质是相互对立的，性质相反，可能发生相互反应，如反应生成强酸强碱盐和水，则相对较为稳定，一般与其他物质难发生反应。这就是我发现的阴阳相合规律，我把它看成是分子世界的第一法典。

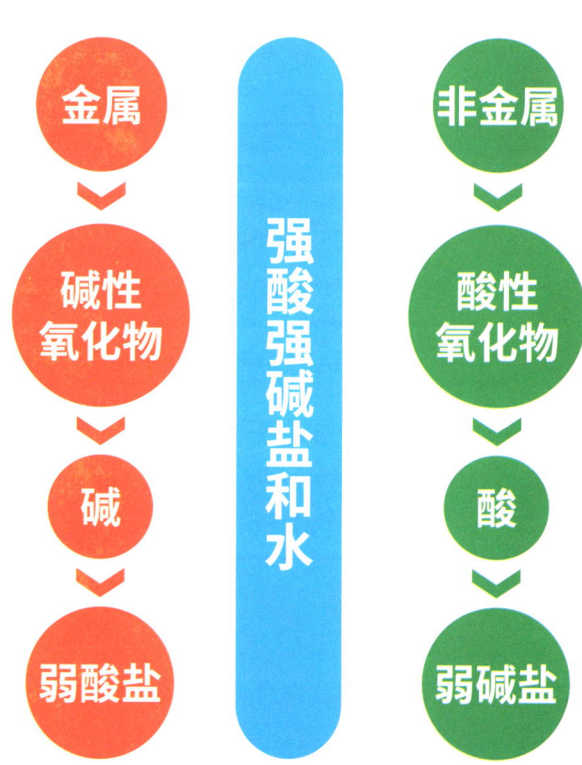

这个世界的事物普遍存在着对立相反的另一面。阴对阳，酸对碱，化合对分解，氧化对还原……世界就是由许许多多截然相反的两面事物所构成的，为什么对立中的其中一面物质难以单独存在？为什么自然界中阴离子或阳离子不能单独存在？为什么自然界存在的单质、酸、碱和纯净物较少？为什么存在那么多水，而不是乙醇？为什么构成地壳的物质是二氧化硅和硅酸钙、碳酸钙，而不是五氧化二磷、氧化钙或碳酸钠？自然界历经几十亿年的演变才成为今天这个样子，所有物质都以较稳定的状态存在，从而构成这个和谐的世界。那些单质、酸、碱大多数是由人类从自然界中开采原料再制造出来的，它们已经不是原来的样子了，它们之间的反应必然遵循一定的规律而重新变为原来的样子。也就是说，万物之间存在一定的规律，每种物质都必须遵守一定的规则。

物质世界中的各种物质并不是孤立的、毫无联系的，不同类别的物质之间存在着一定联系，物质在发生化学反应时遵循一定的规律。在笔者念初三的那个年代，课本上介绍了下面的物质转化关系图。

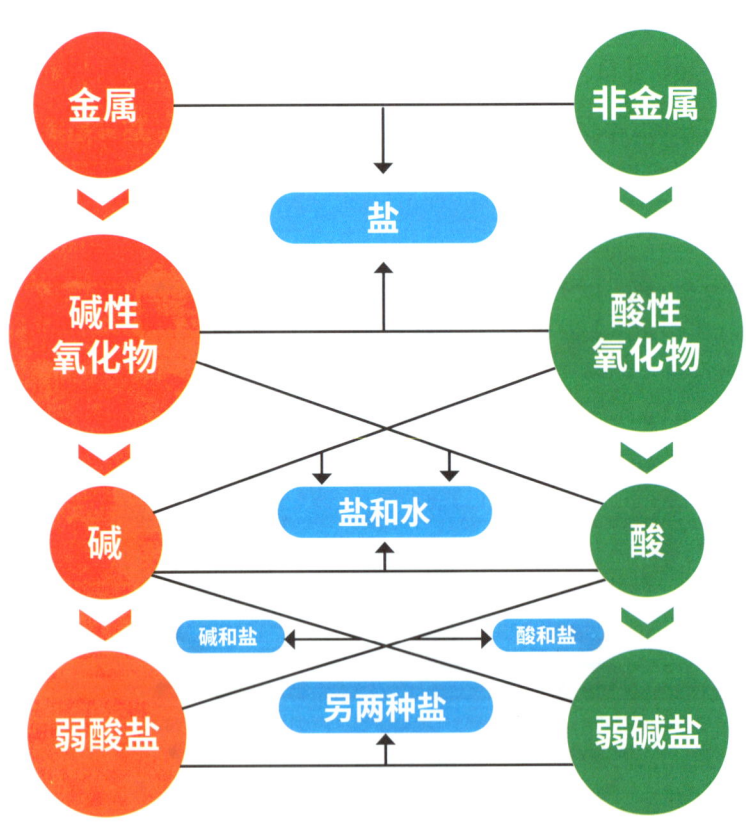

如上图所示，金属对非金属，碱性氧化物对酸性氧化物，碱对酸，弱酸盐对弱碱盐。左边的物质能与右边的物质发生反应，产物都有盐。

分类是一种基本的科学思想方法，人的整个学习过程就是在对身边的事物进行不断的分类。分类是一种高效的思维方法，通过分类可以不断加深对事物的了解和建立事物间一定的内在联系。如下图是某超市的商品分类标识。

在生活中，我们会本能地用到分类思维，可惜的是在化学学习中很多同学并不擅长使用分类思维来解决问题。每当我在高一年级任教时，我总会向新同学提一个问题：氧化铁和氢氧化钠反应生成什么？总有人会说是"氢氧化铁和氧化钠"。理所当然，只要把反应物分子拆开，再重新组合就得到产物，这已经成为写反应方程式的法宝了，于是得到下面的反应方程式：

$$Fe_2O_3 + 6NaOH == 2Fe(OH)_3 \downarrow + 3Na_2O$$

然而这两种物质能反应吗？反应物分子拆散后一定会重新组合吗？答案是：<u>它们根本就不会发生反应！</u>

我们学习物质分类不仅要懂得树状分类法和交叉分类法，更重要的是要学会利用分类法发现物质及其变化规律，使化学物质及其变化的知识系统化。

来听听分子怎么说。

> 我是万物之中的一种分子，在我们的世界里有我们的生存规则。首先我们一定要按类别摆正位置，知道自己能与什么物质反应，与哪些物质不能反应，一切都要按规章办事。

1 阴阳相合

"物以类聚，人以群分"用于比喻同类的东西常聚在一起。同类的鸟儿总聚在一起飞翔，同类的野兽总是聚在一起行动。当你看见一只鸟儿，你会想到它能飞翔；当你看到一条鱼，你会想到它能游泳。你曾经见到过它吗？未必吧。你的判断是基于你知道它属于鸟类、鱼类，你用了分类思维。

我们比赛在超级市场里以最快的速度找到面包。

我四肢灵活，不会输给你的。

你只会到处乱翻，碰巧才能找到面包。而我懂得分类，我知道面包在哪里。

？？？

阳对阴，酸对碱，
金属对非金属。
单对双，弱对强，
有氧对无氧。
氧化物，酸碱盐，
中间对两边。

第一章
CHAPTER ONE

和谐的世界

主要人物
MAIN CHARACTER

目录 CONTENTS

① 第一章 和谐的世界 /01
1. 阴阳相合 /03
2. 强弱有序 /14
3. 《易经》中的化学秘密 /23
4. 聚散会有时 /29
5. "凭"水相逢 /32
6. 酸菜泡辣椒 /37

② 第二章 魔摩传奇 /51
1. "钠"吒降世 /52
2. 难兄难弟 /54
3. "我"好毒 /60
4. 摩尔是什么？ /62
5. 芝麻绿豆一样大 /69
6. 舌尖上的浓度 /72

③ 第三章 金氏家族 /79
1. 缤纷铁城堡 /80
2. 钢铁是怎样炼成的？ /85
3. 没落的贵族 /90
4. 两面派 /92

④ 第四章 原来如此 /97
1. 掀起原子的盖头来 /98
2. 电子那么小，想进去瞧瞧 /100
3. 原子的安保防线 /107
4. "国产版"周期表 /113
5. 分子过河，各显神通 /120
6. 分子运动会 /131

附录 元素的朋友群 /144